글로벌 기업 임원이 코칭해 주는

실전
비즈니스
영어
이메일

글로벌 기업 임원이 코칭해 주는

실전
비즈니스
영어
이메일

지은이 정다정
펴낸이 정규도
펴낸곳 (주)다락원

초판 1쇄 발행 2023년 10월 23일
초판 2쇄 발행 2023년 11월 27일

총괄책임 허윤영
기획·책임편집 김민주
편집 지원 김은혜
영문 감수 Michael A. Putlack
디자인·조판 유어텍스트

다락원 경기도 파주시 문발로 211
내용문의 (02)736-2031 (내선 524)
구입문의 (02)736-2031 (내선 250~252)
Fax (02)732-2037
출판등록 1977년 9월 16일 제406-2008-000007호

ISBN 978-89-277-0176-7 13740
http://www.darakwon.co.kr

실전
비즈니스
영어
이메일

글로벌 기업 임원이 코칭해 주는 ●

BUSINESS
ENGLISH EMAIL

정다정 지음

DARAKWON

이메일 속 (^-^), 파리로 날아가는 갈매기가 되다

2002년 대학 졸업 후, 나는 프랑스 파리에 본사가 있는 글로벌 화장품 회사 로레알 한국 지사에 홍보 담당자로 입사했다. 당시 우리나라에는 '로레알' 브랜드에 대한 인지도가 거의 없었다. 아버지조차 로레알을 '모래알'로 생각하시고 인터넷을 찾아보시다가 홈페이지도 없는 회사라며 가지 말라고 만류할 정도였다.

홍보 담당자로서 내가 제일 먼저 집중해야 할 일은 세계 1위 화장품 기업인 로레알의 국내 인지도를 높이는 것이었다. 홍보를 위해 기자들을 프랑스 본사로 초청하는 행사를 준비했다. 로레알 본사의 글로벌 홍보 담당자는 그리스 출신의 니키Niki로, 쾌활하고 열정적인 성격이었다. 니키와 나는 일정을 조율하기 위해 여러 차례 영어 이메일을 교환했다. 나는 준비를 위한 최종 이메일에 프랑스에서 곧 보자는 뜻으로 "See you soon."이라고 쓰고 '웃는 얼굴' 이모티콘을 덧붙였다. 다행히 출장 일정은 순조롭게 진행되었다. 모든 일을 마치고 프랑스를 떠나는 날 니키가 나에게 물었다.

"아! 나 궁금한 게 있었어. 네가 마지막으로 보낸 이메일 끝에 넣은 그림 뭐야? 갈매기야? 파리로 잘 날아오겠다는 뜻이었어?"

니키는 팔을 들어 새 모양을 만들어 보였다. 나는 '무슨 얘기지?' 하며 내가 마지막에 쓴 이모티콘을 떠올렸다.

(^-^)

다른 여러 나라에서 자주 사용하는 웃음 이모티콘은 :)이다. 그런데 나는 습관적으로 한국인들이 자주 쓰는 웃음 이모티콘을 썼던 것이다. 그 결과 내가 니키에게 보낸 '미소'는 파리로 날아가는 '갈매기'가 되어 버렸다.

웃는 얼굴 이모티콘은 웃어넘길 수 있는 사소한 일이다. 하지만 비즈니스 이메일은 상대가 알아들을 수 있게 정확히 쓰지 않으면 작은 실수가 커다란 오해와 문제를 불러일으킬 수 있다.

이 책을 통해 나는 영어 이메일을 작성하는 법을 안내하고자 한다. 이 책은 딱딱하고 기술적인 매뉴얼이 아니다. 실제 사례와 실용적인 팁이 가득 담긴 읽기 쉬운 메뉴판이라고 생각해 주면 좋겠다. 제목을 매력적으로 작성하는 방법부터 적절한 어조와 이메일 에티켓까지 차근차근 함께 살펴보자. 각 장 마지막에는 글로벌 기업에서 일하거나 한국 기업에서 글로벌을 무대로 일하는 사람들의 인터뷰와 함께 비즈니스 이메일을 쓰는 데 유용한 여러 노하우도 담았다. 여러분이 이 책의 모든 것을 흡수해서 눈 감고도 영어 이메일을 쓰는 고수가 되시길 기원한다.

contents

Chapter
01

글로벌 비즈니스
세계에서
통하는
영어 이메일이란

BUSINESS ENGLISH EMAIL ●

01

디지털 시대
커뮤니케이션의
생명줄,
이메일

> ✉   — ↗ ✕
>
> Hi all,
>
> I'm excited to share that after the successful launch of Instagram
> University (IGU) in the U.S., we've scaled this to EMEA, with our
> London cohort kicking things off IRL!
> 미국에서 인스타그램대학교(IGU)를 성공적으로 론칭한 데 이어, 런던에서 오프라인으로 개최한 것을 시작
> 으로 유럽/중동/아프리카 지역으로 확장했다는 소식을 전하게 되어 기쁩니다!
>
> *EMEA: Europe, Middle East, Africa
> *IRL: in real life. 오프라인으로, 대면으로

　　회사에 출근해 업무를 시작하기 위해서 가장 먼저 이메일을 연다. 처음 클
릭한 메일은 미디어를 교육하는 프로그램인 인스타그램대학교(Instagram
University: IGU)를 런던에서 오프라인으로 성공적으로 진행했다는 이메일이
다. 이렇듯 이메일은 지구 반대편 나라에서 어떤 일이 일어나고 있으며, 그게
글로벌 캠페인과 어떻게 연관되고 어떤 성과를 내고 있는지를 즉각적으로 알

려 준다.

사내에서 주고받는 비즈니스 이메일의 주된 목적은 정보 공유이다. 회사의 운영이나 매출에 대한 중요한 공지, 부서별 미팅 공지, 업무 성과 보고, 새로운 제품 출시 알림 등 모든 정보 공유가 이메일로 이루어진다.

또한 이메일은 비즈니스 기회를 만들어 내는 마케팅 광고 도구로도 쓰인다. 미국 영화배우 귀네스 팰트로Gwyneth Paltrow가 운영하는 웰빙 플랫폼 굽Goop은 처음에 귀네스 팰트로가 자신의 뷰티와 라이프스타일 관련 팁을 알려 주는 뉴스레터로 시작했다. 뉴스레터가 인기를 끌게 되면서 토털 라이프스타일 뷰티 케어 비즈니스로 확장했다. 뉴스레터 형태의 이메일은 사람들에게 유용한 팁을 제공하고 더 많은 정보를 원하는 사람들이 웹사이트에 접속하도록 이끌었다. 이메일이 정보를 전달하는 역할을 넘어 회사의 새로운 비즈니스를 만들어 낸 좋은 사례다.

나는 지난 20여 년간 미국계, 일본계, 프랑스계 등 다양한 국적의 글로벌 기업에서 일했다. 회사마다 문화와 가치가 다르고 파는 제품도 다르다. 하지만 모든 회사에서, 일을 시작하고 마무리할 때까지 일어나는 모든 커뮤니케이션은 대부분 이메일로 했다. 이메일은 사람과 사람, 비즈니스와 비즈니스를 이어 주는 연결 통로다. 비대면 상황이 일상화된 시대에 이메일은 커뮤니케이션의 수단으로 그 역할과 쓰임이 더욱 강화되고 있다.

많은 사람이 영어 이메일을 쓸 때 가장 걱정하는 것은 '내 영어가 완벽한가'이다. 물론 내가 하고 싶은 이야기를 잘 전달하기 위해서는 영어로 올바르게 쓸 줄 알아야 한다. 그러나 영어 표현의 정확성과 유창성을 따지기 전에 이메일 쓰기와 관련해 3가지 핵심 요소를 짚고 가자. 바로 ❶ 메시지message, ❷ 타이밍timing, ❸ 형식format이다.

❶ 메시지(Message)

우선 '내가 무슨 얘기를 하고 싶은가?'가 명확해야 한다. 전달하고자 하는 핵심 내용이 잘 표현되었는지 여러 번 확인하자. 이때 메일 수신자 입장에서 실례가 될 만한 표현이 있는지, 이해되지 않을 수 있는 부분이 있는지, 문법적으로 틀린 부분이 있는지를 잘 살펴보자. 또 내가 쓴 영어 이메일을 파파고Papago 나 구글 번역기Google translator, 딥엘DeepL 등의 번역기로 돌려서 한국어로 번역했을 때 말이 되는지 역으로 점검해 보는 것도 좋다.

❷ 타이밍(Timing)

두 번째로 중요한 것은 적절한 타이밍이다. 즉시 답변을 요청하는 이메일을 받고 3일 뒤에 답장한다면 나의 이메일 커뮤니케이션은 실패다. 기본적으로 이메일은 의사소통을 위한 수단이다. 상대가 요청하는 기한에 맞추어 답변하자. 행사 참석 여부처럼 단답형으로 쉽게 답할 수 있는 이메일이라면 읽고 바로 답하자.

❸ 형식(Format)

마지막으로 이메일에는 〈제목-인사(호칭)-서두-본문-결론-인사〉라는 최소한의 형식이 있다. 이 형식은 기본 중의 기본이므로 대부분의 경우 지켜야 한다. 다만 수신자에 따라 캐주얼하거나 좀 더 격식을 차린 표현을 쓸 수도 있다. 이메일 형식은 깔끔하고 읽기 쉽게 하자. 너무 많은 색깔이나 다양한 폰트의 사용으로 이메일의 본질을 흐리지 않도록 주의하자. 형식의 완성은 정확한 문법과 철자다. '보내기' 버튼을 누르기 전에 여러 번 읽어서 실수를 없애자.

실전 비즈니스 영어 이메일

02

영어 이메일과
한국어 이메일은
어떤 점이
다를까?

영어 이메일 쓰기는 글로벌 기업에 다니는 사람이라면, 또 국내 회사에서 외국을 상대로 비즈니스를 한다면 꼭 익혀야 하는 비즈니스 기술이다. 이런 기술을 모르는 상태로 처음 메일을 보내야 한다면 당황스럽고 막막할 것이다. 하지만 익히기 어려운 기술은 아니니 걱정할 필요는 없다. 한국어로 업무상 이메일을 쓸 때는 "안녕하세요? 저는 ○○ 회사에서 ○○ 업무를 담당하는 ○○○입니다."처럼 기본적인 예의를 지키면서 시작한다. 영어 이메일도 마찬가지로 제목, 인사, 본문, 끝인사와 마무리, 발신자의 서명 등의 일반적으로 많이 쓰는 형식이 있다. 이 형태와 예시를 살펴보고 따라 쓰면서 내 상황에 맞게 변형한다면 영어 이메일 쓰기는 그리 어렵지 않다.

자, 그렇다면 이쯤에서 영어 이메일과 한국어 이메일은 어떤 차이가 있는지 한번 생각해 보자. 다음 두 이메일을 비교해 보자.

한국어 이메일은 호칭 이후에 바로 전달 사항으로 들어가는 경우가 많은데 영어 이메일은 icebreaker(어색하고 서먹한 분위기를 부드럽게 하는 말)나 인사를 꼭 쓰고 들어간다. 부드러운 연결 고리 같은 표현이 많은 편이다.

| 예시 1 | 한국어 이메일

정다정 상무님 안녕하십니까,

지난주 유선으로 말씀드린 2023 OO 서울 페스티벌과 관련한 행사 개요와 공문 보내드리오니 참고 부탁드립니다. (더 자세한 내용은 첨부 파일에 있습니다.)
OO 서울 페스티벌은 1993년부터 진행된 행사로서 …

| 예시 2 | 영어 이메일

Dear Danielle,

I hope you are doing well. It was nice meeting you at the conference.
I am just following up our discussion last week.

잘 지내고 계시죠? 컨퍼런스에서 만나 반가웠습니다. 지난주에 논의한 내용에 대한 팔로우업입니다.

일반적으로 한국어 이메일에서는 공손하게 간접적으로 예의를 차리는 경우가 많다. 메일을 쓰게 된 배경이나 맥락 등을 좀 더 자세히 설명한다. 반면, 영어 이메일에서는 예시처럼 인사와 안부 묻기를 하고, 배경 설명 없이 바로 본론으로 들어가는 게 다반사다.

맺음말도 약간 차이가 있다. 한국어 이메일에서는 '감사합니다', '고맙습니다', '잘 부탁드립니다'와 같은 짧은 감사 표현과 보내는 사람의 이름 정도로 간단히 마무리한다. 영어 이메일에서는 "Best regards, Danielle"과 같은 클로징 전에 "답변 기다리겠습니다.(I'm looking forward to hearing from you.)"나 "도와주셔서 감사합니다.(Thank you for your support.)"와 같은 마무리 문장이 들어가는 편이다(물론 한국어 이메일처럼 'Thank you'로 간단하게 마무리하는 경우도 있다).

하지만 영어 이메일과 한국어 이메일의 차이가 절대적으로 고정된 것은 아니다. 이메일을 작성하는 사람의 성향, 주고받는 사람의 관계, 회사의 문화, 사안의 위급함 등 여러 요인에 따라 이메일의 스타일은 달라질 수 있다.

참고로, 외국계 기업이라고 다 같은 것도 아니다. 미국 회사와 유럽 회사에서 쓰는 영어 이메일에도 차이가 있다. 유럽 사람들은 이메일을 시작할 때 보통 안부를 묻는 데 비해, 미국 사람들은 단도직입적으로 내용으로 들어가는 경우가 많은 편이다. 또 유럽 사람들은 'Hi'를 너무 캐주얼하다고 생각해 아직도 'Dear'를 쓰는 경우가 많다. 네이티브가 아닌 사람들일수록 영어 이메일에 격식을 차리는 표현을 쓰는 경향이 있는 것 같다.

예전에 화이자제약에서 같이 근무하던 친구가 미국계 IT 회사로 이직을 했다. 약의 오남용은 생명을 위험에 처하게 할 수도 있기 때문에 제약 회사에서는 일의 절차나 프로토콜을 지키는 것이 중요하다. 이메일도 다소 정중하게 쓰는 편이다. IT 회사로 이직한 친구가 글로벌 팀과 메일을 주고받는데 한 엔지니어가 "What the F!!!!!"라고 쓴 메일을 전체 회신으로 보내는 걸 보고 경악했다고 한다(여기서 'F'는 여러분의 짐작대로 영어 욕인 'fuck'의 줄임말로 그 사람이 매우 화난 걸 표현한 것이다). 스타트업이고 IT 업계라 좀 더 자유롭고 격의 없는 커뮤니케이션을 하는 조직 문화였기 때문에 가능했던 거겠지만, 그런 F-word는 아무리 분위기가 자유롭더라도 쓰지 않는 것이 좋다.

03

'멋있게'보다는
'실속 있게'

- **Dear Mr./Ms. Ambassador:**
- **His/Her Excellency Keanu Reeves**

미국계 IT 회사인 메디데이터에 다닐 때 사무실 확장 이전 기념식을 하게 되었다. 한국에 투자한다는 것을 보여 주는 행사니 미국 대사를 초청하자는 아이디어가 나왔다. 공식 초청 메일이 필요했다. 공식적인 양식이 있을 것 같아서 스위스 대사관에 다니는 친구에게 문의했다. 위에 언급한 표현들이 그때 배운 대사를 호칭하는 방식이다. 이처럼 한 나라를 대표하는 대사에게 보내는 메일은 존칭부터 최대한 예의를 갖추어 쓴다. 친구가 샘플로 보내 준 양식 덕분에 초청 메일을 잘 쓸 수 있었다.

외교에서는 의전이 중요하다. 나라마다 지켜야 하는 규범이 다르기 때문에 의전을 잘 알아야 실수를 방지할 수 있다. 영국 대사가 이란 테헤란에 부임할 때, 국왕(샤) 앞에서는 방석에 앉는 것이 예의인데 의자를 요구해 외교적 마찰로 번질 뻔 한 적이 있었다고 한다. 담당자는 이런 실수가 벌어지지 않도록 미리 확인하고 조율해야 한다.

그렇다면 실무적인 비즈니스 이메일은 어떨까? 비즈니스 이메일에서는 멋지고 화려한 표현보다는 '실속'이 필요하다. 비즈니스 영어 이메일에서의 의전은 서로 이해할 수 있는 양식으로 메일을 쓰는 것이다. 이를 위해서 상호간에 통하는 표현을 쓰고, 커뮤니케이션하기 쉽도록 일반적으로 합의된 형식으로 메일을 쓴다.

간혹 같은 회사 직원들만 아는 약어를 고객에게 보내는 메일에 쓴다든가 예의를 차리는 게 지나쳐 요즘은 거의 쓰지 않는 어려운 한자어 등을 쓰는 경우가 있다. 최근에 받은 어떤 이메일에서 "작일의 회의에 대해"라는 표현을 봤다. '작일'이라는 단어가 '어제'라는 뜻인가 해서 찾아보니 맞았다. 격식을 차린다고 실생활에서 쓰이지 않는 한자어를 쓰면 받는 사람은 당황할 수 있고, 예의 바른 것이 아니라 구식이라는 느낌을 줄 수 있다.

영어에도 이런 식의 과한 표현이 있다. 예전에 친구가 이런 이메일을 받았다고 공유해 준 적이 있었다. "Enclosed herewith is the attached as per your request." 이게 무슨 말인가. "요청하신 첨부 파일을 여기에 동봉하오니 참고 바랍니다." 정도의 뉘앙스로, 정중함을 나타내려고 과하게 쓴 표현이다. 이런 말은 "I've included the attachment as your request." 혹은 "Here is the attached you requested."와 같이 이해하기 쉬운 문장으로 쓰면 충분하다.

04

나에게
이메일 쓰는
모든 사람이
스승

Hi all,

FYI, there will be a handful of announcements from Global over the next two weeks, so I want to flag for you what's coming and when. Everything is updated on Company Cal. LMK if you have any questions!

참고로, 앞으로 2주 동안 글로벌에서 몇 가지 발표가 있을 예정이므로 어떤 내용이 언제 발표될지 미리 알립니다. 모든 내용은 회사 캘린더에 업데이트됩니다. 궁금한 점이 있으면 알려 주세요!

가끔 나는 그날 받은 메일 중 하나를 골라서 아카이빙한다. 위의 이메일도 그중 하나로, 호주에서 홍보를 담당하는 친구가 보낸 메일이다. 최근 들어 회사에 새로운 제품 관련 공지가 많아지자 그걸 보기 편하게 정리해서 공유해 준 것이다. 'FYI'는 'for your information(참고로)'의 약자이고, 'Cal'은 'Calendar(일정표, 달력)', 'LMK'는 'let me know(알려 주세요)'의 약어이다. 범람하는 정보를 이렇게 정리해서 공유해 주는 메일은 참 고맙다. 또한 효율적인

영어 약어 쓰기의 예를 볼 수 있어서 도움이 된다.

이렇게 나에게 영어로 이메일을 보내는 모든 사람이 다 스승이다. 열린 마음으로 주변에서 이메일을 특히 잘 쓰는 사람을 찾아보고 그 사람이 이메일로 커뮤니케이션하는 방식을 살펴보자. 어떤 표현을 자주 쓰는지 확인하고, 상황별로 어떻게 표현하는지 참고하면서 좋은 표현은 따로 정리해 두면 요긴하게 쓸수 있다.

잘 작성된 메일은 주제별로 분류해 저장해 놓는 것도 좋다. 나중에 쓰고 싶은 메일이 있을 때 분류해 둔 이메일 중 적절한 것을 찾아서 따라 쓰면 효율적으로 이메일을 작성할 수 있다. 개인적으로는 farewell message(회사를 떠나거나 부서를 옮길 때 남기는 말)를 많이 보관해 두는 편이다. 사람들의 진심이 가장 많이 담긴 글이라고 생각해서다. 읽어 보는 재미도 있고, 나중에 나는 어떤 말을 남길까도 생각해 보게 된다. 기록과 수집은 나만의 자산이 된다는 것을 잊지 말자.

05

쓰다 보면
성장하는
영어 이메일

　　로레알에서 글로벌 홍보 담당자들이 다 모이는 행사에서 베르사유 궁전을 빌려 작은 파티를 한 적이 있었다. 마침 그날 파리에서 한국 기자분들과 저녁 식사가 잡혀서 나는 "Could I possibly leave a bit earlier, please?(조금 일찍 나갈 수 있을까요?)"라고 담당자한테 메일로 문의했다. 나중에 친해진 후, 담당자는 그 메일 이야기를 하면서 "내가 무슨 선생님이니? 그냥 편하게 물어봐도 돼."라고 했다. 혹시 예의범절에 어긋날까 봐 숙이고 숙였던 내 초기 비즈니스 영어 이메일의 흑역사이다. 요즘의 나라면 "Can I leave a little early?"라고 했을 텐데.

　　사실 내가 영어 이메일을 쓰기 시작한 것은 로레알 입사 후부터가 아니다. 처음 이메일을 영어로 쓴 것은 대학 시절 네덜란드에서 교환학생으로 있으면서 배낭 여행을 다니던 때였다. 당시 네덜란드 국영 항공사였던 KLM에는 다음 날 항공권을 50%에 판매하는 제도가 있었다. 종종 기차표보다 싼 비행기 티켓을 구할 수 있어서 유럽의 여러 나라로 여행을 많이 다녔다. 나는 그때 여행을 다니면서 재미있었던 이야기를 영어로 써서 세계 각국의 친구들에게 뉴스레터

처럼 이메일로 보냈다. 프랑스 국경에서 기차를 잘못 갈아타 이상한 곳으로 가다가 어떤 아주머니의 도움으로 간신히 니스에 간 이야기, 폴란드에서 길을 잃고 헤매고 있을 때 브래드 피트처럼 잘생긴 수도사가 택시도 잡아 주고 돈도 대신 내 주었던 이야기 등등.

이렇게 이메일 작문 연습은 많이 했지만, 비즈니스 영어 이메일은 내가 예전에 쓰던 방식과는 달라야 했다. 나는 격식을 갖추어야 한다는 압박감에 사전을 뒤져 가며 최대한 정중하게 작성하려고 노력했다. 그 예가 내가 앞에서 언급한 "Could I possibly leave a bit earlier, please?" 같은 경우다.

로레알에 입사 후 본사 친구들과 업무 관련 이메일을 많이 주고받고 좀 친해지자 몇몇 유럽 친구들이 피드백을 주었다. 한국 사람들은 부담스러울 정도로 너무 정중하거나 어떤 경우는 단도직입적으로 용건만 말해서 딱딱하다고 했다. 다짜고짜 업무 얘기부터 하기보다는 "잘 지내요?(How are you? / I hope you are doing well.)" 같은 인사도 하면서 안부를 묻고 시작하는 게 좋다고 피드백을 주는 친구도 있었다. 피드백 덕분에 지나치게 격식을 차리고 다짜고짜 일 얘기만 하던 내 이메일이 부드럽고 유연해졌다.

이후 미국 회사들을 거치면서 내 이메일은 좀 더 간결해졌다. 이전에는 이메일을 쓰게 된 이유나 배경을 길게 썼다면 이제는 꼭 필요한 경우는 따로 'Background'라고 쓰고 해당 내용을 쓴다. 요청 사항이 있다면 길게 한 바닥 메일을 쓰기보다는 글머리 기호^{bullet points}로 한눈에 내용이 드러나게 쓰는 걸 선호한다. 'Dear'보다는 'Hi'를 쓰고, 'Thank you so much in advance'보다는 'Many thanks'와 같이 간략하면서도 서로 시간을 절약할 수 있는 표현을 더 자주 쓰게 되었다. 길고 장황한 이메일에서 간결하면서도 다정한 이메일로 진화한 셈이다.

이렇게 내 영어 이메일 쓰기는 매일매일 발전하고 있다. 첫술에 배부를 수는 없듯이, 처음부터 영어 이메일을 잘 쓰는 사람은 없다. 시간이 지나 경험이 쌓이고 참고 자료가 더 많이 확보되면 영어 이메일 쓰기는 자연스럽게 발전할 것이니 조급하게 생각하지 말았으면 한다. 여러분도 매력적이면서 효과적인 비즈니스 영어 이메일을 쓰게 될 것이다. 자신의 성장 가능성을 믿어라!

INTERVIEW

이형원
구글 코리아 구글플레이 게임 파트너십 총괄

Q 자기소개 부탁드립니다.

저는 구글 코리아에서 구글플레이 게임 파트너십을 총괄하고 있습니다. 방송, 영화, 게임 등 주로 콘텐츠와 관련된 커리어를 쌓아 왔고, 구체적으로는 해외 파트너사와의 사업 개발, 라이센싱, 해외 진출 전략 수립 등의 업무를 하고 있습니다. 8살 딸을 키우는 워킹맘이기도 합니다.

Q 구글은 세계적인 다국적 기업인데, 이메일 작성 시 무엇에 중점을 두시나요?

구글은 전 세계 굉장히 많은 국가에 적어도 한 개 이상의 오피스가 있습니다. 내부 커뮤니케이션은 주로 공용 언어인 영어로 이루어지죠. 제가 구글에서 이메일을 작성할 때 중요하게 생각하는 점은 4가지입니다.

첫째, **이해하기 쉬운 언어로 쓰여져 있는가?** 다국적 기업의 구성원들은 제각기 다른 영어를 구사합니다. 미국식 영어와 영국식 영어, 인도식 영어가 다르죠. 소위 네이티브처럼 영어를 구사하는 사람도 있지만, 한 번도 해외에서 교육을 받지 않고 영어를 배운 사람도 있습니다. 따라서 누구나 이해할 수 있는 정제된 언어로 쓰는 게 중요하고, 특정 문화에서만 사용되는 표현이나 유행어는 지양하는 게 좋습니다.
한국어도 종사하는 업계와 연령대에 따라 굉장히 다양한 스펙트럼의 한국어가 존재하잖아요? 최근에 '판교 사투리'로 칭해지는 스타트업의 용어들은 비스타트업 종사자나 연령대가 높은 분들이 이해하기 어렵죠. 또한 Z세대들이 쓰는 신조어를 전부 알고 있는 직장인은 찾기 어려울 겁니다. 이런 점을 감안해 한국어 메일을 쓰는 것처럼, 영어 이메일에도 이런 배려가 필요합니다.

둘째, **전달하고자 하는 바가 명확한가?** 하루에도 몇 십, 많게는 몇 백 통의 메일을 주고받게 되는데, 효율적인 업무를 위해서는 최대한 두괄식으로 이메일을 작성하고, 원하는 바를 명확하게 표현해야 합니다. 가령 긴 메일을 쓸 때는, 메일 상단에 메일 내용을 짧게 요약해서 메일의 최종 목적이 무엇인지를 미리 파악하고 메일을 읽게 하는 것이 훨씬 효율적입니다. 구글에서는 요약할 때 'TL;DR(Too long; didn't read)'이라는 표현을 자주 씁니다.

TL;DR: A Q1 XX business opportunity in the Thai market has been identified, and further business expansion is possible using the ABCD method. Please provide any relevant XFN feedback.

요약: Q1 태국 시장에서 XX 사업 기회가 포착되었고, ABCD 방법을 통해 해당 사업의 추가적인 확장이 가능할 것으로 판단됨. 본 방향성에 대한 유관 부서 피드백이 필요함.

위와 같이 요약 문장이 메일 상단에 있으면, 수신인들이 해당 목적을 상기하면서 메일을 읽기 때문에 더 효율적인 업무 처리가 가능합니다.

셋째, **수신인과 참조인이 명확한가?** 메일의 수신인은 해당 메일과 직접적인 연관이 있는 사람이고, 참조인은 수신인보다는 덜 직접적입니다. 다시 말하면, 내가 수신인에 포함된 메일이 더 중요하고, 참조인에 들어 있을 경우 업무 처리에서 우선순위를 낮춰도 된다는 뜻이죠. 명확하고 효율적으로 일을 처리하기 위해, 메일 상단에 해당 사람들을 명시하고 필요한 행동(action)을 요청하는 경우가 있습니다. 또한, 직접적인 연관이 없는 사람들이 다수 포함된 경우에는 메일 상단에 이를 명시해 불필요한 메일을 거르도록 센스를 발휘하는 것도 좋습니다.

(If you are not involved in the APAC expansion of the ABC project, please ignore this email.)
Sam Smith, James Lee, Jina Louis: Since you are directly involved, please provide feedback on the email below.

(ABC 프로젝트의 아태 지역 사업 확장에 관여된 분이 아니라면, 본 메일을 읽지 않아도 됩니다.)
샘 스미스, 제임스 리, 지나 루이스: 직접적인 당사자들이니, 아래 메일에 대한 피드백 부탁합니다.

메일 본문 상단에 위와 같이 쓰면 담당자가 아닌 경우 메일을 더 이상 읽지 않아도 되니 시간을 절약할 수 있고, 이름이 적힌 사람들은 본인들이 해야 하는 행동이 분명하니 좀 더 주의 깊게 메일을 읽게 됩니다.

넷째, **DEI에 충실한가?** 'DEI'는 Diversity(다양성), Equity(형평성), Inclusion(포용성)의 준말로, 한국에서는 아직 낯선 개념이지만 실리콘 밸리의 테크 회사들은 대부분 중요한 가치로 삼고 있습니다. 특히 다양한 국적의 다양한 사람들이 근무하는 구글에서는 이메일이나 회의에서 굉장히 중요하게 챙겨야 합니다. 저는 메일을 쓰기 전후에 아래 질문들을 스스로에게 던짐으로써 DEI 가치에 부합하는지 확인합니다.

1. 특정 문화나 특정 국가를 비하하거나 선입견에 기반한 내용이 있는가?
2. 정치적 견해가 갈리는 주제에 대해서 다양한 의견의 가능성을 인지하지 않고 특정 견해일 것으로 추정하거나, 나도 모르게 강요하고 있는가?
3. 성별, 학력, 지역, 연령 등에서 다양한 스펙트럼이 있을 수 있음을 인지하지 않고 선입견에 기반한 내용이 있는가?

··

When a new leader joins, he/she...
새로운 리더가 오시게 되면 그분은...

··

새로운 리더가 남성일지 여성일지 모르는 상황에서 DEI 가치를 떠올리지 않으면 나도 모르게 'he'라고 쓰게 되는데, DEI를 떠올림으로써 'he/she'라고 수정하게 됩니다.

Chapter
02

효과적인
비즈니스
영어 이메일의
5가지 원칙

BUSINESS ENGLISH EMAIL ●

01

간단명료하게
표현하라

제 65회 아카데미 촬영상을 받은 〈흐르는 강물 처럼*A River Runs Through It*〉이라는 영화가 있다. 극중 목사인 아버지는 아들에게 글쓰기 훈련을 시키며 "글은 모름지기 간결하게 써야 한다"고 가르친다. 그는 아들에게 주제를 주고 한 장짜리 글을 써 오도록 작문을 시킨다. 아들이 글을 써 오면, 분량을 반으로 줄이는 연습을 시킨다. 그렇게 줄인 글을 또 반으로 줄이게 한다. 이렇게 글을 줄이고 줄여 핵심만 남을 때까지 연습하며 간결한 메시지를 효과적으로 전달하는 것이 글쓰기의 본질이다.◆ 이메일도 마찬가지다.

❶ 제목은 이메일 내용의 축약

제목과 본문이 따로 놀면 안 된다. 여차하면 사람들이 본문을 다 읽지도 않고 메일 삭제 버튼을 눌러 버릴 수도 있다. 반드시 본문을 요약하는 제목을 사용하자.

◆ 오병곤, 『스마트 라이팅: 당신은 일을 못 하는 게 아니라 글을 못 쓰는 겁니다』, 로드북, 2023

❷ 본문에는 글머리 기호와 하이라이트를 이용

글머리 기호를 적절히 쓰면 한눈에 메일 내용을 보여 주기 쉽다. 내용을 길게 늘여 쓰기보다는 핵심만 눈에 보이게 정리하자. 중요한 내용은 다른 색이나 볼드체로 강조해도 좋다.

❸ 짧고 간단하게, 두괄식으로

이메일은 '짧고 간단하게'가 제1원칙이다. 문단이 3개가 넘어가면 그 이메일은 안 읽힌다고 보면 된다. 한 문단에는 하나의 요지를 넣는다. 반드시 필요한 내용만 남기고 나머지는 정리하자.

이메일에는 내가 하고자 하는 이야기를 맨 앞에 쓰는 것이 골든 룰이다. 한눈에 들어오지 않는 이메일은 바로 잊혀지기 쉽다. 내 이메일이 '씹히지' 않고 잘 읽히게 하기 위해서는 두괄식으로 쓰자. 핵심 내용을 먼저 쓰는 것이 서로의 시간을 아끼고 효율을 높이는 팁이다.

미국 군대 커뮤니케이션에서 나온 BLUF(블러프) 원칙이라는 것이 있다. 'BLUF'는 'bottom line◆ up front'의 약자로, 보고서와 이메일에서 빠르고 명확하게 원하는 바를 표현하라는 용어다. 즉, 전문을 다 읽기 전에 서두만 읽고서도 이 메일이 무슨 의도를 담고 있고 어떤 행동action을 요구하는지 알 수 있게 쓰라는 것이다. 가장 중요한 정보는 맨 처음에 쓰고, 그 다음으로 추가적인 사항을, 일반적인 정보는 맨 나중으로 보낸다. 이메일을 쓸 때 BLUF를 마음에 두고 있으면 우선순위가 무엇인지 생각을 정리하는 데 도움이 된다. 메일 서두에

◆ 'bottom line'은, '가능한 최종 가격, 마지노선'이라는 뜻이다. 즉, "Two thousand USD─and that's my bottom line!"이라고 하면 "저희가 제시할 수 있는 가격은 2천 달러입니다. 그 이하로는 절대 안 돼요. 이게 마지노선이에요."라는 뜻이다. 비즈니스에서 'bottom line'은 '최종 결산 결과' 또는 '핵심'이나 '요점'이라는 뜻으로도 쓰인다.

BLUF

1. Most important information

2. Additional details

3. General info

한 문장으로 원하는 게 무엇이고 배경이 무엇인지 우선적으로 정리하는 연습을 하자. 이를 반복하다 보면 요약 정리 능력이 향상된다. 이때 가장 중요한 것은 수신자의 입장에서 생각해 보는 것이다. 핵심 메시지를 쓰되, 수신자가 읽고 바로 알아볼 수 있도록 생각을 정리하자.

❹ 과한 느낌표나 이모티콘은 피할 것

느낌표는 대개 감탄이나 흥겨운 상태를 표현한다. 하지만 사람에 따라 화났다는 의미로 받아들일 수도 있다. 사람마다 해석하는 바가 다르기 때문에 느낌표를 과하게 쓰는 것은 이메일 내용을 헷갈리게 만든다. 이모티콘 역시 비슷하다. 간혹 소셜 미디어에 글이나 댓글을 남길 때처럼 하트 🤍。❤, 웃음 :) 🙂, 좋아요💟 표시 등 다양한 이모티콘을 이메일에도 사용할 수는 있겠지만, 이메일에서 과한 이모티콘 사용은 당신의 전문성 및 업무 능력에 대한 신뢰를 약화시킨다. (반면, 모바일과 함께 성장한 Z세대들은 이모티콘의 사용 빈도가 확실히 높다. 이모티콘 사용에 대해서는 3장에서 좀 더 자세히 다룬다.)

아마존Amazon은 프레젠테이션 대신에 최대 6장이 넘지 않는 글을 준비해서 회의를 하는 것으로 유명하다. 직원들은 회의 시작에 앞서 준비해 온 문서를 같이 읽고 시작한다. 효율적인 이메일 작성을 위해서 아마존 스타일 글쓰기 팁 몇 가지를 참고하자.◆

❶ 시간을 효율적으로 사용하자. 문장을 정확하고 직접적으로 쓰자.

❷ 주어, 동사, 목적어로 이루어진 간단한 문장을 사용하고, 누가 어떤 행동을 해야 하는지를 정리하자.

❸ 30개 단어가 넘는 긴 문장은 피하자. 한 문장에는 한 아이디어만 넣자.

❹ "So what?(그래서 말하고자 하는 핵심 메시지가 뭔데?)"을 스스로에게 질문하는 테스트로 검증하자. 사람들은 확실한 것을 원한다.

❺ 형용사 대신 숫자를 쓰자. 'exceptional(탁월한)', 'phenomenal(놀라운)', 'impressive(인상적인)'와 같은 단어 대신 '10 times more(10배의)'와 같이 구체적인 수치로 표현하자.

◆ https://twitter.com/alexgarcia_atx/status/1381066483330117632

02

Read carefully
and
write clearly

직무에 따라 양은 다르겠지만, 거의 모든 직장인이 하루에 수십 통에서 수백 통의 이메일을 주고받는다. 내가 수백 통의 이메일을 받는 담당자라고 생각해 보자. 메일 하나에 1분만 써도 수백 분을 쓰게 된다.

효율은 '들인 노력과 얻은 결과의 비율'이라는 뜻이다. 이메일에서의 효율은 시간을 절약해 의도한 행동을 얻는 것을 말한다. 어떻게 하면 시간을 절약할 수 있을까? 여러 번 주고받을 메일을 한 번에 끝낸다면 상대방의 시간도, 나의 시간도 절약될 수 있다. 불필요한 팔로우업follow-up 메일이 생기지 않게 해 보자.

❶ 중요한 메일일수록 잘 읽고 천천히 답장할 것

한국에서 영어를 배운 사람들은 친숙할 만한 문장이 있다. "Listen carefully and answer the questions.(주의 깊게 듣고 질문에 답하세요.)" 영어 듣기 평가에서 가장 먼저 나오는 말이다. 잘 들어야 잘 말할 수 있다. 이메일을 쓸 때도 마찬가지다. 먼저 상대방이 하는 말을 잘 듣고 그 사람이 원하는 바를 정확히 파악해야 다음 전개가 쉬워진다. 이메일을 잘 쓰려면 '듣기'를 잘해야 한다. 적극

실전 비즈니스 영어 이메일

적 경청을 영어로는 active listening이라고 한다. 세계적인 임원 교육 기관인 창의적리더십센터Center for Creative Leadership에서 제시하는 적극적 경청을 위한 6가지 원칙을 소개한다.

6 KEY LISTENING SKILLS

Pay Attention   Withhold Judgment   Reflect   Clarify   Summarise   Share

❶ 주의를 기울여라(Pay Attention)

❷ 판단을 유보하라(Withhold Judgment)

❸ 되새겨 보라(Reflect)

❹ 명확하게 하라(Clarify)

❺ 요약하라(Summarize)

❻ 공유하라(Share)

이 원칙은 이메일 답장에도 그대로 적용해 볼 수 있다. ❶ 받은 이메일을 주의 깊게 살펴본다. ❷ 성급한 판단을 내리지 않는다. ❸ 다시 한번 읽어 본다. ❹ 메일의 핵심 내용이 무엇인지 살펴본다. ❺ 요약한다(이메일을 한 줄로 요약해 보는 것도 도움이 된다). ❻ 그 다음에 답장을 쓴다.

물론 이메일을 쓸 때마다 매번 이런 과정을 일일이 거쳐야 한다면 이메일 쓰기는 효율보다는 고통이 될지도 모른다. 여기서 말하고 싶은 것은 이런 과정을 기준으로 이메일을 점검하다 보면 나중에는 나도 모르게 꼭 필요한 내용만 정리해서 보낼 수 있게 된다는 것이다. 이 책을 쓰기 위해 영어 이메일을 수시로 쓰는 수십 명의 사람들을 인터뷰했다. 그중 외국계 식음료 회사에 다니는 팀장 A는 긴급한 경우를 제외하고 중요한 메일에는 바로 답장을 하지 않는다고 한다. 별도의 폴더를 만들어서 만 하루가 지난 다음 날 보낸다고 한다. 중요할수록 시간을 들여서 고민하고 잘 정리해 보내는 게 그녀의 노하우다. 글로벌 제약 회사에 다니는 또 다른 친구 B는 이메일 발송 버튼을 누르고 나서 '1분 후'에 실제 발송이 되도록 설정을 해 두었다고 한다. 혹시라도 실수를 했을 때 발송을 취소하고 이메일을 다시 쓸 수 있도록 말이다.

상대방의 이메일을 잘 읽는 것, 그리고 내가 보내고자 하는 메시지를 명확하게 하는 것이야말로 이메일을 잘 쓰기 위한 절대 원칙일 것이다.

❷ 시간을 들여 필요한 정보를 반드시 포함시킬 것

효율적인 이메일 작성을 위해서는 한 번 메일을 쓸 때 필요한 정보를 최대한 넣는 것이 중요하다. 이때 육하원칙으로 누가, 언제, 어디서, 어떻게, 무엇을, 왜 등을 점검하면 좋다.

❶ 정확한 정보를 포함한다. (장소, 시간, 용건, 주제를 정리한다.)

❷ 수신자가 했으면 하는 행동을 명시한다.

❸ 상황에 맞는 적절한 단어를 사용한다.

❹ 부사, 형용사보다는 주어, 동사, 목적어를 중심으로 상황을 명확하게 정리하는 방식으로 서술한다.

실전 비즈니스 영어 이메일

효율을 위해서는 역으로 서두르지 말고 천천히 가는 것이 필요하다. 바로 회신이 필요한 메일은 바로 처리하되, 중요한 메일에 회신할 때는 즉시 하지 말고 게을러지자. '하나, 둘, 셋'을 세고 다시 메일을 읽어 보자. 이 사람의 의도는 무엇인지, 어떤 걸 원하는지, 그리고 나는 무얼 원하는지 질문해 보자. 그러고 나서 그 사람이 원하는 것을 구체적으로 답변하자. 팔로우업 메일을 최소화하기 위해 오히려 보낼 때 최대한의 시간을 들여서 메일을 작성하자. 보내는 사람과 받는 사람이 서로 'win-win'이 되는 이메일 작성 비결이다.

03

포용적인
언어를
써라

The black rapper was...

회사에서 메일을 쓰다가 상사에게 지적을 받은 적이 있다. 무심코 'black rapper(흑인 래퍼)'라는 표현을 썼기 때문이다. 그때 상사가 따로 불러 'black'이라는 표현보다는 'American(미국인)'이나 'male(남성)'이라는 말을 쓰는 것이 더 좋다고 지적해 주었다. 굳이 흑인이라고 쓰지 않아도 그때의 상황을 전달하는 데는 지장이 없었는데 나도 모르게 인종을 구분해 썼던 것이다. 지금도 그때 상사가 정치적으로 올바른politically correct 표현을 말해 준 것에 대해 고맙게 생각한다.

최근 몇 년 동안, 'CDO'라는 직함이 글로벌 기업들 사이에 생겨나고 있다. CDO는 'chief diversity officer'의 약자로 최고 다양성 책임자를 뜻한다. 기업에 따라서는 다양성·포용성 책임자(CDIO: chief diversity & inclusion officer)라고 하기도 하고 형평성equity을 포함해 CDEI라고도 한다. 다양성 총괄이 기업 운영과 기술 등을 맡는 CEO, CTO와 동등하게 주요 임원이 될 정도로, 다양성은 중요한 가치로 인식되고 있다. 사람들이 각자의 다양성을 존중받으며 자유롭게 일할 때 기업의 경쟁력이 커지기 때문이다.

언어는 생각을 지배한다. 최근에는 포용적 언어 지침inclusive language guideline을 발표하는 단체도 많아졌다.♦ 포용적인 언어는 인종, 성별, 장애나 다른 요인에 따라 사람들을 차별하는 편견을 강화하지 않는 언어다. 이런 추세에 맞춰, 이메일에도 포용적인 언어 사용의 중요성이 점점 강조되고 있다.

이메일에서 '사람'을 지칭할 때 꼭 성별을 구분해 줄 필요가 있는지 생각해 보자. 그럴 필요가 없다면 남성만 지칭하는 'man'보다는 성 중립적gender-neutral 표현인 'person'이나 'individual'을 쓰자. 상대방의 배우자를 지칭할 때도 'wife'나 'husband' 대신 중립적인 표현인 'partner'를 사용하는 것이 좋다. 'mankind'보다는 'humanity'로, 'saleswoman'이나 'salesman'보다는 'salesperson'이라고 쓰자.

언어가 편견을 전달할 수 있다는 것을 인지하자. 무심코 쓰는 'Asians'와 같은 단어는 아시아인이라면 다 어떻다는 편견을 조장할 수 있다. 대신 'Koreans'와 같이 대상을 최대한 구체적으로 쓰자. 또한 '특징'을 먼저 내세우는identity-first 언어보다는 '사람'을 먼저 내세우는person-first 언어를 사용하자. 예를 들어, '장애인'이라는 단어를 써야 한다면 'disabled people'보다는 'people with disabilities'라고 하는 게 더 편견이 없는bias-free 표현이다. '노인'을 지칭할 때도 'the aged'나 'seniors', 'senior citizens'보다는 'people 65 years and

---

♦ American Psychological Association. (2021). *Inclusive language guidelines*. (https://www.apa.org/about/apa/equity-diversity-inclusion/language-guidelines.pdf) 편견 없는 언어 사용에 대한 미국 심리학 협회(APA)의 출판 매뉴얼. 학계에서 가장 표준적으로 권고되는 가이드라인으로 이메일에도 적용할 수 있다. 마이크로소프트 같은 기업에서도 편견 없는 언어 사용에 대한 가이드를 공유하고 있다. (https://learn.microsoft.com/en-us/style-guide/bias-free-communication)

older'와 같은 표현이 권장된다.

포용적인 언어는 존중에서 출발한다. 'Be respectful'을 마음에 새기자. 내가 쓰는 언어가 다른 사람을 존중하는지 소외시키는지 점검하고, 그래도 잘 모르겠을 때는 주변에 물어보자. 다양성이나 성인지 감수성(젠더 감수성)은 놓치기 쉽기 때문에 특히 중요한 메일을 보낼 때는 여러 사람의 의견을 들어 보는 것이 좋다.

04

기본 중의 기본!
문법 오류나
오타를
점검하자

　　　　　　　　　신입 사원에게서 업무 보고 이메일을 받았다. 공들여서 열심히 작성한 티가 난다. 그런데 마지막에 '감사합니대'라든가 'ㅇㅇㅇ 두림' 같은 오타가 있다면 어떨까? 이메일 내용에서 받았던 좋은 인상이 날아가 버리고, 이 사람이 회사 업무를 꼼꼼히 처리할 수 있는 사람인지 의심스러울 수도 있다.

　　영어 이메일도 마찬가지다. 이메일을 쓸 때 기본적으로 두 번, 세 번 확인해야 할 것은 맞춤법과 문법, 구두점이다. 우선 철자와 맞춤법을 확인하자. 만약 업무 이메일에서 'Thank', 'Best Regar'와 같은 오타가 있으면 처음 한 번은 실수겠거니 하고 넘어가겠지만, 이런 실수가 반복되면 나의 전문성은 확 깎이고 만다. 눈에 불을 켜고 오타를 잡아내자.

　　두 번째로 살펴야 할 것은 문법이다. 100% 문법에 맞는 문장을 쓰지는 못하더라도 주어가 3인칭 단수일 때 동사 끝에는 '-s'가 붙는다는 것, 조동사 뒤에는 동사원형을 쓴다는 정도의 기본적인 문법은 틀리지 말자. 중요한 이메일의 경우는 문법을 확인해 주는 온라인 사이트를 이용하거나 유료 프로그램을 사용하는 것도 방법이다. 유럽계 대사관에 다니는 친구는 유료 온라인 문법 리뷰 서비스를 이용하는데, 영어 문법뿐 아니라 적절한 단어나 표현을 쓰는 데 도움을 받고 있다고 한다.

마지막으로, 구두점 사용에 민감해지자. 여러 개의 느낌표(!!!!)는 화가 난 것 같은 느낌을 상대에게 전달한다. 나에 대한 잘못된 인식을 심어 줄 수도 있다. 무엇보다 편하게 읽기가 힘들다. 반면, 적절한 구두점은 이해를 돕는다. 특히 영어에는 한국어에서 잘 쓰지 않는 콜론(:)과 세미콜론(;), 대시(—)를 흔히 사용하는데, 각각의 용법을 구분해서 적절히 사용하면 글의 품격을 높일 수 있다.

업무 이메일은 참조가 필요한 사람을 CC로 넣는 경우도 많고, 내 이메일이 유관 부서 사람들에게 전달될 수도 있으므로 이메일에서의 실수는 파급 효과가 크다. 이 사실을 명심하고 ❶ 철자 ❷ 문법 ❸ 구두점을 두 번 세 번 꼭 살펴보자.

 ## 실수하기 쉬운 구두점과 문법 오류

🙁 **Dear, Mr. Kim.**

🙂 **올바른 표현: Dear Mr. Kim,**

메일 서두의 호칭 다음에는 콤마(,)를 붙인다. 이메일의 기본적 형식이므로 꼭 지키도록 한다.

🙁 **She share it in our meeting.**

🙂 **올바른 표현: She shares it in our meeting.**

현재 시제일 때 It/She/He 등 3인칭 단수 뒤의 동사에는 '-s'를 꼭 붙이자. 아주 간단한 문법인데도 틀리면 이메일 내용에 대한 신뢰가 떨어진다는 것을 기억하자.

05

성공하는 이메일의 기본은 바로 매너!

　　　　　　영어에도 '반말'이 있다. 예를 들어 보자. 'Sit down', 'Please sit down', 'Have a seat', 'Please be seated'는 모두 앉으라는 말인데 미묘하게 어감이 다르다. "please"를 붙이면 존댓말 같은 느낌을, 붙이지 않으면 반말 같은 느낌을 준다. 당연히 반말을 쓰면 좋은 인상을 주기 어렵다. 모든 이메일을 명령조로 쓴다면 커뮤니케이션에 문제 있는 사람으로 몰려 회사에서 같이 일하기 싫은 사람이 될 수도 있다. 비속어, 특정 부서에서만 쓰는 줄임말, 전문 용어 등도 피하는 것이 좋다.

　사람을 직접 만나서 이야기할 때는 상대방의 목소리, 바디 랭귀지, 어조, 얼굴 표정 등을 참고하게 된다. UCLA 심리학과 교수 앨버트 머레이비언Albert Mehrabian이 발표한 머레이비언의 법칙The Law of Mehrabian에 따르면 사람들이 다른 사람을 판단할 때 시각이 55%, 청각이 38%, 언어가 7%의 영향을 미친다고 한다. 우리가 사람을 판단할 때는 시각과 청각에 많이 의존하게 되는 것이다. 그런데 이메일은 시각과 청각을 제외한 글자로만 커뮤니케이션하기 때문에, 나의 의도가 100% 전달되기 어렵다. 이메일에서는 단어나 문장의 길이, 대소문자의 선택 등 모든 것이 쉽게 잘못 해석될 수 있다.

다음 두 이메일을 비교해 보자.

| 예시 1 |

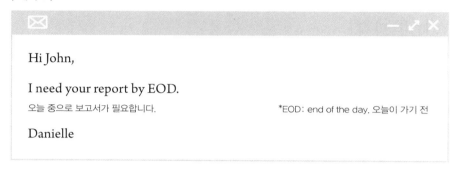

Hi John,

I need your report by EOD.

오늘 중으로 보고서가 필요합니다.   *EOD: end of the day. 오늘이 가기 전

Danielle

| 예시 2 |

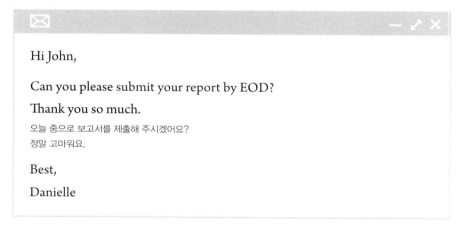

Hi John,

Can you please submit your report by EOD?

Thank you so much.

오늘 중으로 보고서를 제출해 주시겠어요?
정말 고마워요.

Best,

Danielle

같은 내용인데도 첫 번째 이메일은 명령하는 듯한 느낌을, 두 번째 이메일은 정중하게 요청하는 느낌을 준다. 이메일은 이렇듯 문장으로 감정을 만들어 내기 때문에 예의를 갖추는 것이 필요하다. 특히 처음 이메일로 자기소개를 하거나, 상사나 다른 회사 사람에게 이메일을 보낼 때는 더욱 유의하자.

기본적인 매너는 누구에게나 항상 지키도록 하자. 인사를 하고, 마지막을 감사의 말로 끝내는 것 등이 그런 기본적인 매너에 해당한다. 친한 동료 중에는 이메일을 모바일로 보낼 때 "Sent from iPhone" 등의 자동 서명이 들어간 이메일이 성의 없다고 생각하는 사람도 있다. 반대로 나는 늦게 보내는 것보다는 폰으로라도 시의 적절하게 응답하는 것이 좋다고 생각한다. 사람마다 가치관이 다르기 때문에 이메일 세계의 일반적인 규범은 지켜 주자.

정리하자면, 수신자의 입장이 되어 내 이메일을 다시 한번 읽어 보자. 이메일이 예의 바른지, 너무 친근하게 구는 것은 아닌지, 거만한 느낌을 주는 것은 아닌지 객관적으로 바라볼 필요가 있다. 이메일은 텍스트로 표현하는 나 자신이라는 사실을 잊지 말자.

외국계 기업 커뮤니케이션 전문가 K

Q 회사 내에서 세련되고 전문적인 고급 영어 이메일을 쓰는 것으로 유명하시다고 들었는데요, 자기소개 부탁드립니다.

15년 넘게 대형 외국 기업의 한국 지사 몇 곳에서 근무한 직장인입니다. 다양한 부서에서 근무해 봤는데, 업무 수행 시 영어 커뮤니케이션이 많이 필요했습니다. 특히 국내보다 본사나 아시아 본부와 더 자주 소통하다 보니 거의 모든 의사소통이 영어 기반의 이메일이라고 할 수 있겠네요. 또, 주 수신인이 같은 한국인이라 하더라도 업무 관련성이 있는 외국 동료들이 참조할 경우나 향후 기록을 위해서 영어로 작성하는 경우도 많습니다. 이메일을 한국어, 영어로 두 번 보내는 번거로움을 덜기 위해서죠.

Q 수많은 영어 이메일을 쓰고 받으셨을 텐데, 영어 이메일에서 가장 중요한 것은 무엇이라고 생각하시나요?

의사 전달의 정확성과 간결함입니다. 영어권에서 통용되는 표현과 단어 위주로 작성하는 게 혼선을 방지합니다. 우리가 책으로 배운 단어들 중에 사전적 의미는 틀리지 않으나, 사실상 전혀 사용되지 않거나 한국에서만 쓰이는 것이 많더군요. 예를 들어, 'SNS'라는 말은 영어권에서는 주로 학술 논문에서나 가끔 쓰이고 일반적으로는 잘 쓰이지 않습니다. 대신 'social media'라고 하죠. 그리고 문장을 한국어로 생각한 뒤에 그대로 번역해서 작성하면 의사 전달에 부족한 경우도 많습니다. 따라서 상황별로 영어 사용자들이 익숙한 표현을 활용해야 정확성이 높아집니다. 추가로, 너무 돌려 얘기하거나 장황하게 늘어놓으면 상대방이 혼란스러워합니다. 그런 메일을 받은 사람들이 가끔 저에게 "이 사람 무슨 얘기를 하려는 건가요?"라고 물어보기도 했습니다.

Q 영어 이메일을 보낼 때 실수했던 경험이 있다면 공유해 주시겠어요?

영어 드라마에서 주워 들은 표현을 썼다가 어색한 분위기를 만든 적이 있습니다. 상당히 친숙한 사이여야 통용되는 표현인 걸 모르고 비즈니스 이메일에 썼다가 나중에 알고 무척 난감했던 게 기억나네요. 그 다음부터는 새로 알게 된 표현은 쓰임새를 꼭 확인해 보곤 합니다.

Q 영어 이메일을 작성할 때 나만의 노하우가 있다면?

'모든 이메일을 두괄식으로 작성한다'가 첫째이고, '상대방의 입장에서 다시 한번 읽어 본다'가 둘째입니다. 이메일의 목적을 첫 한두 문장에서 파악할 수 있도록 작성합니다. 이것의 장점은 시작부터 읽는 이를 제가 의도하는 프레임 안으로 끌어들일 수 있고, 그 관점을 가지고 나머지를 읽도록 유도할 수 있다는 것입니다. 게다가 상대방이 메일을 급히 읽거나 자세히 안 보더라도 제 의사나 핵심 내용을 전달할 수 있죠. 추가로, 전송 버튼을 누르기 전에 반드시 다시 한번 읽어 봅니다. 이때 상대방의 입장에 빙의해서 이 이메일을 받았을 때 불쾌해하거나 오해할 수 있는 표현이 있을지를 점검합니다. 아울러 점검 과정을 통해 읽는 사람이 추가로 궁금해할 사항이 있을지도 생각해 보고, 있다면 추가합니다. 이를 통해 불필요하게 이메일을 또 주고받을 가능성을 최소화하는 거죠.

Q 마지막으로, 영어 이메일 작성에 어려움을 느끼고 고민하는 분들을 위해 조언 부탁드립니다.

역시 많이 읽는 게 도움이 되더군요. 남이 쓴 메일을 많이 접하고 따라 써 보는 게 영어 이메일을 잘 쓰게 되는 가장 빠르고 쉬운 방법이 아닐까 합니다. 그리고 영어 시사 잡지를 보다 보면 '아하, 이럴 때 이렇게 표현하면 간결하게 핵심을 짚어 주는구나' 싶을 때가 자주 있습니다. 문장력이 우수한 잡지를 보면 정제되고 간결한 표현이 많아, 상황별 유용한 표현은 따로 메모를 해 두곤 합니다. 공신력 있는 영어 잡지나 기사를 보고 쓸 만한 표현들을 찾으면 따로 모아 두는 게 어떨까요? 좋은 영어 표현을 많이 알면 그만큼 정제된 영어 이메일을 쓸 수 있게 되니까요.

Chapter 03

회사가
알려 주지 않는
이메일
기본 상식

BUSINESS ENGLISH EMAIL ●

01

비즈니스
이메일에
이모티콘을
써도 될까?

> Happy birthday 🥳🎉🎂🎁 @Danielle
>
> 생일 축하해요 대니엘

> 9 years!! Happy MV Jenny - so grateful for you 🫶
>
> 9년이네요!! 행복한 입사 기념일 보내요 제니. 늘 너무 감사한 마음이에요.

　이모티콘은 문자에 감정을 입히는 사회적 언어이다. 소셜 미디어가 일상의 일부가 되면서 이모티콘이 대화의 많은 부분을 차지하고 있다. 예를 들어 '엄지 척'이라든지, '좋아요'를 뜻하는 이모티콘은 일상적인 말보다 더 많이 채팅 방에서 사용된다. 내가 다니는 회사인 메타에서는 워크 챗Work Chat이라는 기업용 소셜 채팅 플랫폼을 이용한다. 부서별, 나라별 등 각종 채팅 방이 있고, 필요에 따라 수시로 채팅 방을 만들어서 소통한다. 간단한 공지, 캐주얼한 생일 축하나 입사 기념일(우리 회사에서는 'MV(Metaversary)'라고 한다.) 축하 등은 팀별 채팅 방에서 많이 한다. 축하한다는 인사와 함께 사람 이름을 태그(@ 뒤에 이름을 써서 수신자에게 알림이 가게 하는 것)한다. 그냥 'Happy birthday'라고만 쓰는 것보다 뒤에 케이크, 선물, 풍선 이모티콘을 더하면 축하의 마음이 더 잘 전달된다.

그렇다면 이런 이모티콘을 이메일에서 쓰는 건 어떨까? 직장 내 직원끼리의 소통에서는 이모티콘 사용이 점점 흔해지고 있지만, 일반적으로 비즈니스 커뮤니케이션에서의 이모티콘 사용은 부적절하게 느껴질 수도 있다. MZ세대는 이모티콘 사용을 더 편하게 생각하는 한편, 기성 세대는 이모티콘을 비전문적이고 역효과를 내는 것으로 보는 경향이 있다.

설문 조사 사이트인 서베이몽키SurveyMonkey에 따르면, 45세 이상은 직장에서 이모티콘을 사용하는 것이 부적절하다고 할 가능성이 더 높다. 45세 이상 사람들 중 15%만이 이모티콘이 직장에서의 의사소통을 향상시킨다고 생각한다. 29%는 이모티콘을 쓰면 동료들이 당신을 전문가답지 않게 볼 것이라고 한다. 22%는 이모티콘이 동료들을 짜증 나게 할 수 있고, 동료들이 당신을 덜 진실하거나 덜 유능한 사람으로 보게 한다고 말한다.

반대로, 18–29세의 젊은 사람들은 이모티콘 사용이 업무에 적합하다고 본다. 28%의 젊은 사람들만이 이모티콘 사용을 부적절하다고 생각한다.[*] 69%의 MZ세대들은 텍스트만 있는 대화보다 이모티콘으로 감정을 표현할 때 편안함을 느낀다고 한다.

이렇듯 이 문제에 있어 단 하나의 정답은 없다. 만약 이메일에 이모티콘을

---

[*] https://www.surveymonkey.com/curiosity/is-it-ok-to-use-emojis-at-work-heres-what-the-data-tells-us/

쓰고 싶다면 그 이유를 생각해 보자. 보통은 감정이나 의도를 강조하려고 쓸 것이다. 이런 경우에는 이모티콘을 쓰는 대신 문장 구조, 단어 선택, 강조 표현 등을 조절해서 커뮤니케이션의 목적과 의도를 명확히 전달할 수 있다.

물론, 회사의 문화와 정책에 따라 다를 것이다. 일부 회사는 이모티콘을 일상적으로 사용하는 문화를 갖고 있기도 하다. 우리 회사의 경우, 소셜 미디어 회사답게 웃는 얼굴이나 엄지 척, 하트 정도의 이모티콘을 이메일 커뮤니케이션에서 종종 쓰기도 한다. 반면에 이모티콘을 전혀 쓰지 않는 회사도 있다. 회사의 암묵적 규칙이나 문화를 확인하고 그에 맞게 행동하자.

가장 쉽고 안전한 방법은 상대방을 따라 하는 것이다. 메일을 보내는 상대방이 이모티콘을 사용한다면 나도 사용해도 무방하다.

실전 비즈니스 영어 이메일

짜증 나는 이메일

퍼크박스(Perkbox)에서 실시한 설문 조사에 따르면, 이메일을 받았을 때 가장 짜증 나는 경우는 다음과 같다.♦ 나도 모르게 다른 사람을 불편하게 하지 않았는지 자기 자신을 돌아보자.

- ☹ 단어나 문장 전체를 대문자로 쓰는 경우 – 67%
- ☹ 키스 또는 'x'의 사용♦♦ – 65%
- ☹ 관련 없는 사람들을 참조에 포함하는 것 – 63%
- ☹ 'OMG' 같은 속어 사용 – 53%
- ☹ 느낌표를 남발하는 것 – 52%
- ☹ 꼼꼼히 검토하지 않고 메일을 보내는 것 – 50%
- ☹ 아주 긴 메일을 보내는 것 – 29%
- ☹ 이모티콘 사용 – 29%
- ☹ 이메일 서명이 없는 경우 – 23%
- ☹ 이중으로 메일을 발송하는 경우 – 22%
- ☹ 색이 있는 글자의 사용 – 21%

♦ https://www.perkbox.com/uk/resources/blog/most-annoying-things-in-an-email-ranked
♦♦ 'x'는 'kiss'라는 의미

02

긴 이메일에는
반드시
TL;DR을
써 주자

　　　　　　　IT 기업에서는 신규 입사자를 'noob' 또는 'n00b'라고 부른다('초보자, 신입'이라는 뜻의 'newbie'와 같은 뜻의 단어이다). 메타에 입사했을 때 온라인으로 기업 문화에 대한 noob 교육을 받았다. 여러 내용 중 가장 인상적이었던 것은 회의 시간에 대한 세분화된 가이드였다. 짧은 시간에 최고의 효율을 뽑아내도록 지침이 정해져 있었다. 예를 들면, 다들 바쁘므로 회의는 30분 단위로 한다, 좀 더 많은 사람이 참여하는 회의는 45분으로 한다, 참석 인원이 30명이 넘고 충분한 논의가 필요한 회의라면 1시간을 잡는다 등이었다.

　이런 극강의 효율 추구는 이메일 작성 가이드에도 적용되어 있었다. 이메일 작성과 관련해 noob 교육에서 배운 단어가 'TL;DR'이다. 'TL;DR'은 'too long; didn't read'의 약어이다. 직역하면 '너무 길어서 안 읽었어요'인데, 이메일이 길어질 예정이므로 요약을 먼저 읽고 시간이 되면 전문을 읽으라는 뜻의 표현이다. 다른 사람의 시간도 소중하니, 이메일 내용이 길다면 서두에 꼭 TL;DR로 알려 주라는 거였다. TL;DR은 TLDR, Tl;dr, tldr처럼 다양하게 표기되며 메일뿐 아니라 사내 인트라넷 게시판에서도 자주 쓰인다. (참고로 소셜 미디어 등에서 댓글로 TL;DR을 다는 경우는 너무 길어서 읽기 싫다는 냉소적인 의미로 쓰이기도 한다는 것도 알아 두자.)

- **Here's the TLDR on ACB's new product update.**
  ACB의 신제품 업데이트에 대한 요약입니다.

- **TL;DR: Happy Thursday. Here's what you need to know first:**
  요약: 즐거운 목요일입니다. 먼저 알아야 할 사항이 있습니다.

- **a Tl;dr video** 요약 비디오

- **the tl;dr version** 요약 버전

| 예시 1 |

Hi everyone,

Please find the final consumer report TL;DR below. I hope you find it helpful.

아래에서 최종 소비자 보고서 요약본을 확인하세요. 도움이 되기를 바랍니다.

| 예시 2 |

Hi team,

TL;DR: As a part of our new product launching campaign, we are developing a content series that will bring to life the positive impact and value of our product. Each story will be presented in a bite-sized format (30 sec.), and we will kick off the series in the first week of November.

요약: 신제품 출시 캠페인의 일환으로 제품의 긍정적인 영향과 가치를 생생하게 전달할 수 있는 콘텐츠 시리즈를 개발 중입니다. 각 스토리는 30초 분량의 짧은 형식으로 제공되며, 11월 첫째 주에 시리즈를 시작할 예정입니다.

내용이 길거나 방대한 자료를 첨부한 이메일을 쓰게 된다면 서두에 꼭 TL;DR을 써서 읽는 사람의 시간을 절약하게 하자!

이메일에서 자주 사용하는 약어

☑ aka/a.k.a. - also known as ~으로 알려진
☑ EOM - end of message 내용 끝
☑ EOD - end of day 오늘이 가기 전
☑ WFH - working from home 재택 근무 중
☑ TLTR - too long to read 긴 글 주의, 요약
☑ TL;DW - too long; didn't watch 비디오 콘텐츠 내용을 요약할 때 사용
☑ OOO - out of office 부재 중
☑ LMK - let me know 알려 주세요
☑ BTW - by the way 그건 그렇고
☑ FYI - for your information 참고로
☑ TYSM - thank you so much 정말 감사합니다

실전 비즈니스 영어 이메일

03

Thank you를
아끼지
말자

영국에서 오래 공부한 교수님과 영어 이메일에 대해 대화를 나누던 중, 한국 사람들이 대체적으로 감사하다는 말에 인색하다는 이야기를 들었다. 자기 할 말만 하고 끊는 느낌이라 종종 불쾌할 때가 있다는 것이었다. 용건에만 집중하다 보면 감사 표현을 잊기 쉽다.

작고 사소한 일이라도 누군가가 고마움을 표현하면 대화가 더 부드러워지는 것을 느낀 적이 있을 것이다. 감사는 커뮤니케이션을 부드럽고 유연하게 하는 윤활유라고 할 수 있다. 사람들은 감사 인사 받는 것을 기뻐하고 감사를 표현한 사람을 기억한다. 적절하게 감사를 표하면 이메일을 주고받는 사람과의 관계를 우호적으로 만들 수 있다.

면접 후에 지원자가 남긴 감사 메일은 면접관에게 좋은 인상을 줄 수 있다. 처음 업무 미팅을 한 후에 시간을 내 주셔서 감사하다고 이메일을 보낸다면 우리 회사의 인상까지 좋게 만들 수 있다.

감사는 감사를 부른다. 친밀감과 유대감을 형성하는 데도 도움이 된다. 사람들은 감사를 표현할 줄 아는 당신의 요청, 제안, 피드백에 긍정적으로 반응할 가능성이 높다. 감사를 표현하는 것은 다른 사람의 노력을 인정하고 소중히 여기며, 긍정적인 관계를 구축하고, 서로를 지지하고 생산적인 업무 환경을 만드는 데 기여할 수 있는 간단하면서도 강력한 방법이다. 항상 이메일은 "Thank you"로 마무리하자.

이럴 때 떠오르는 어구가 "Thank you"뿐이라도 괜찮다. 하지만 상투적이라는 느낌이 든다면 아래의 어구를 기억해 두고 골고루 사용해 보자. 같은 감사라도 경우와 상황에 따라 달리 쓴다면 당신의 커뮤니케이션 수준은 한 단계 높아질 것이다. 구체적인 상황별 감사 표현은 8장에서 더 자세히 살펴보겠다.

 일반적인 감사 표현

☺ **I appreciate it.** 감사합니다.

☺ **I am grateful for your help.** 도움에 감사드립니다.

☺ **I greatly appreciate your support.** 도움 주신 것 정말 감사합니다.

☺ **Thank you for taking the time.** 시간을 내 주셔서 감사합니다.

☺ **Thank you for all the help!** 도움 주신 모든 것에 감사드립니다!

실전 비즈니스 영어 이메일

04

현지 시간을
명시하는
센스를
갖추자

　　　　　　이메일은 국경을 넘나든다. 따라서 이메일을 쓸 때는 나라마다 달라질 수 있는 정보를 명확하게 알리는 것이 좋다. 예를 들어, 한국에 있는 사람과 미국 LA에 출장 가 있는 사람, 이탈리아 밀라노 지사에서 근무하는 사람이 인지하는 시간이 모두 다르기 때문에 시간을 알릴 때는 각 지역의 시간을 병기하는 것이 좋다.

> • **We plan to send out a press release tomorrow at 9:00 a.m. PT. (1:00 a.m. KST)**
> 내일 오전 9:00 태평양 표준시(한국 시간 오전 1:00)에 보도 자료를 발송할 예정입니다.
>
> • **We discovered that December 8 does not work for our next video call. Thus, we recommend the following: December 7 or December 12 at 11:00 a.m. CET / 7:00 p.m. KST - What are your thoughts?**
> 12월 8일에는 다음 영상 회의가 어렵겠어요. 그래서 다음 일정을 제안합니다: 12월 7일 또는 12월 12일 오전 11시(중앙유럽 표준시) / 오후 7시(한국 시간) – 어떻게 생각하시나요?

아래 예시는 뉴욕 본사와 함께 보도 자료를 배포하는 시점이 한국 시간으로 언제인지 다시 한번 확인하는 이메일이다. 정확한 날짜와 함께 어떤 지역을 기준으로 하는 시간인지 표시하면 좋다. 한국 시간은 간단하게 'KST'라고 하기도 하는데 'Korean Standard Time'의 약자다. 'Korean time'으로 써도 무방하다.

| 예시 |

Hi Jane,

I really appreciate your advice. The media coverage will be shared the following week once we update all of your suggestions.

조언에 진심으로 감사드립니다. 제안해 주신 모든 내용을 업데이트한 후 다음 주에 언론 보도 내용을 공유할 예정입니다.

The announcement will be made on July 18 at 8:30 a.m. KST. And immediately following the posting will be the global media push.

발표는 7월 18일 오전 8시 30분(한국 시간)에 이루어질 예정입니다. 그리고 발표 직후 전 세계 미디어를 대상으로 홍보가 진행될 예정입니다.

Once more, many thanks.

다시 한번 정말 감사드립니다.

Best,

Danielle

시간 관련 약어와 세계 시간을 확인할 수 있는 사이트

많이 사용하는 시간 관련 약어와 세계 시간을 확인할 수 있는 사이트를 알아 두자. 여름에는 나라별로 서머 타임을 적용하는 국가가 많기 때문에 시간 계산에 주의하자.

☑ **KST (Korean Standard Time)** 한국 표준 시간

☑ **PT (Pacific Time)** 태평양 표준시
PDT(Pacific Daylight Time)의 약자로 사용하며 미국 서부 워싱턴주, 캘리포니아주 등이 포함되어 있어 미국 IT 기업들이 많이 사용한다.

☑ **EST (Eastern Standard Time), ET (Eastern Time)** 동부 표준시
미국 동부(워싱턴, 뉴욕 등지)와 캐나다 일부 시간. 한국 시간에서 14시간을 빼면 된다. 서머 타임 기간에는 13시간을 뺀다.

☑ **GMT (Greenwich Mean Time)** 그리니치 표준시
영국을 기준으로 전 세계 시간선의 기준이 되는 시간

☑ **CET (Central European Time)** 중앙유럽 표준시
그리니치 표준시보다 한 시간 빠른 시간으로 대부분의 유럽 국가들이 기준시로 사용한다. 3월 마지막 주 일요일부터 10월 마지막 주 일요일까지는 서머 타임을 적용하므로, 그리니치 표준시보다 2시간 빨라진다.

☑ **https://www.timeanddate.com/worldclock/converter.html**
세계 각국의 시간을 설정해서 비교해 볼 수 있는 사이트. 네이버 시차 계산기나 구글 시차 계산기도 편리하다.

☑ **https://time.is**
원하는 도시의 현재 시각을 바로 확인할 수 있는 사이트. 급하게 다른 나라 시각을 찾아볼 때 이용할 수 있다. 도시 이름을 입력하면 바로 그 도시의 시각이 나온다.

05

적절한 농담으로
내 이메일의
개성을
살리자

이메일을 많이 쓰다 보면 상투적인 표현만 쓰고 있다고 느낄 때가 있다. 예를 들어, "답변 기다릴게요."는 "I'm looking forward to hearing from you."라고 쓰는데, 유용하지만 의례적인 표현이다. 이런 표현으로만 가득 찬 이메일은 좀 재미가 없다.

비즈니스 이메일이 정확하기만 하면 되지 무슨 재미까지 찾냐고 따질 수도 있다. 맞는 말이다. 하지만 이메일에 적절한 유머를 살짝 가미하면, 관계를 더 부드럽게 만들 수 있고 때로는 기억에 남는 특별한 이메일이 될 수도 있다.

그런 매력적인 이메일을 쓰는 방법을 소개한다.

❶ 재미있고 색다른 방식으로 이메일을 끝내 보자
나만의 위트를 첨가해 이메일을 마무리해 보자. 읽는 사람을 미소 짓게 하는 이메일이 될 것이다.

- **I'm looking forward to your response and the end of the day!**

  당신의 답장은 물론, 오늘 하루가 빨리 끝나기를 기대해요!

- **May the force be with you.**

  포스가 함께하기를. (〈스타워즈〉에서 오비완 케노비가 역경을 이기고 힘내라며 좋은 일이 있기를 바란다는 뜻으로 쓴 말)

- **To infinity and beyond!**

  무한의 가능성을 향해! (〈토이스토리〉에서 버즈 라이트이어가 날아갈 때 외치는 말로, 격려의 의미로 쓸 수 있다.)

❷ 부재 중(OOO[◆]) 상태를 나타내는 자동 응답 이메일에 개성과 유머를 넣자

유머는 센스의 영역이지 필수는 아니다. 그러니 평소에 업무상 주고받는 이메일보다는 휴가나 출장으로 자리를 비울 때, 자동으로 발송되는 이메일에 약간의 유머를 넣어 색다른 재미를 주는 것도 신선해 보일 수 있다. 영어로 'funny email auto-responders'를 검색하면 다양한 종류의 예를 찾을 수 있다.

| 예시 1 |

Sorry. I can't get back to you right now. I'm trapped in an all-day Zoom meeting, and I can't find the exit. I'll get back to you as soon as they let me out!

미안해요. 지금은 연락할 수가 없어요. 종일 줌 미팅에 갇혀 있는데 출구를 찾을 수가 없어요. 그들이 나를 내보내 주는 대로 다시 연락할게요!

◆ OOO는 'Out of Office'의 약어이다.

Hi there,

Sorry I missed you. I'm unable to get to my email right this second. Why? I'm on a backpacking trip, surviving on Spam, good water, and trail mix.

연락드리지 못해 죄송합니다. 지금 당장 제 이메일에 접속할 수 없습니다. 왜냐고요? 배낭 여행 중이라 스팸과 맑은 물, 트레일 믹스로 연명하고 있어요.

I'll get back to you when I return to civilization or to an area with Wi-Fi. Or to the office on May 10. Whichever comes first.

문명이나 와이파이가 있는 지역으로 돌아오면 다시 연락할게요. 아니면 5월 10일에 사무실로요.

약간의 유머는 당신이 여유가 있는 사람이라는 걸 보여 줄 수 있다. 하지만 뭐든지 과하면 안 된다. 농담을 할 때는 상대방이 농담인 줄 알아차릴 수 있도록 웃는 얼굴 이모티콘을 쓰는 것도 괜찮다.

❸ 농담의 내용을 점검할 것

성적인 농담이나 인종 차별적인 농담은 절대 해서는 안 된다. 다른 사람을 비난하거나 비꼬는 내용도 담지 말자. 센스 없는 사람을 넘어 요주의 인물이라고 낙인 찍힐 확률이 100%다.

이메일에 유머를 넣는 것은 좋지만 당신은 네이티브 스피커도, 코미디 작가도 아니기 때문에 절대 오버하면 안 된다. 유머는 약간만! 양념 같은 유머는 당신의 이메일을 더욱 돋보이게 할 수 있다.

유머를 첨가할 때 다음 사항을 고려한다면 문제가 없을 것이다.

- 안전하고 검증된 유머만을 사용하라.

- 비꼬거나 시니컬한 유머를 쓰는 것은 위험하다.

- 정말 유머를 쓰고 싶다면 한두 문장 정도에만 유머를 살짝 녹이자.

- 상대방이 나에게도 비슷한 농담을 하는지 생각해 보자.

- 다른 사람의 성별, 인종, 종교 등을 소재로 하는 농담은 금물이다.

- 내 상사가 이 메일을 봐도 괜찮을지 생각해 보자.

- 진지한 사안을 논하는 이메일에는 유머를 쓰지 말자.

독일계 IT 기업 인사 담당자 P

Q **자기소개 부탁드립니다.**

미국계, 프랑스계 등 다양한 외국계 기업에 근무한 적이 있고, 현재는 독일계 회사에서 인사 담당자로 근무하고 있습니다.

Q **독일계 회사에서 이메일을 쓸 때 특별히 주의하시는 점이 있을까요?**

독일은 영어권이 아니라서 이메일 작성 시 문장 구조나 문법의 정확성에 대한 부담은 덜합니다. 내용상 필요하더라도 직설적이고 공격적이거나 부정적인 어휘나 표현을 사용하기보다는 완곡하게 표현을 하는 편인 것 같습니다.

서로 다른 문화를 가진 사람들이 모여 일을 하기 때문에 **논리적으로 매우 명확한 내용 작성 (contents building)**이 필요합니다. 다른 문화권에서 자란 사람들은 같은 내용에 대한 이해가 다를 수 있기 때문입니다.

Q **어떤 이메일을 쓸 때가 제일 어려운가요?**

동료의 경조사가 있을 때(특히 조사) 영어로 어떻게 표현해야 할지 늘 난감합니다. 업무 관련이 아닌 개인적인 내용을 이메일로 쓸 때 어색한 표현을 종종 사용했던 것 같습니다.

Q **영어 이메일을 쓰는 나만의 노하우를 공개해 주신다면?**

명확하고 간결한 흐름(flow)으로 글을 구성하려고 노력합니다. 가장 중요한 내용을 서두에 쓰고 그것을 뒷받침하는 논리적 이유/근거 혹은 배경을 설명합니다. 문장을 풀어서 길게 쓰기보다는 함축적으로 적확하게 내용을 전달할 수 있는 단어를 찾아서 쓰려고 노력합니다.

간단한 영어 문법을 점검해 주는 앱이나 프로그램이 많다. 구글 검색 창에서 'grammar checker free'로 검색하면 다양한 문법 확인 사이트들이 나온다. 대부분 무료로 사용 가능하고 유료로 전환하면 고급 서비스를 받을 수 있다.

■ 그래멀리(Grammarly) – grammarly.com

단어 철자와 문법, 구두점 등을 1차로 교정해 주는 사이트이다. 무료와 유료 버전, 팀 내에서 함께 쓸 수 있는 버전으로 사용할 수 있다. 유료 버전은 어조, 다양한 단어 제시, 가독성까지 포함해 좀 더 자세하게 교정 제안을 해 준다. 무료로 사용해도 기본적으로 문법, 철자, 구두점의 사용까지는 확인을 해 준다.

■ 퀼봇(QuillBot) – quillbot.com

여러 가지 다양한 영어 표현을 제공하고 문장을 다듬어 주는 영어 윤문 사이트. 기본적인 수정(Standard)과 좀 더 유창한 영어 문장(Fluency)으로 변형하는 서비스를 무료로 사용할 수 있다. 유료로 이용할 경우는 기본적인 오류 확인 이외에 '창의적인(Creative)', '격식을 차린(Formal)', '간단한(Simple)' 등 다양한 스타일로 문장을 바꿀 수 있다.

■ 딥엘(DeepL) – deepl.com/translator

독일 회사가 만든 인공지능 기반 번역 툴이다. 구글 번역기나 파파고도 많이 사용하지만, 딥엘은 맥락과 뉘앙스까지 고려한 자연스러운 번역이 장점이다. 유료 버전을 구독하면 분량 제한 없이 텍스트를 번역할 수 있고, PDF나 워드, 파워포인트 파일을 업로드해서 양식 그대로 번역된 문서를 다운받을 수 있다.

이외에도 다양한 무료 프로그램이 있다. 최근에는 인공지능을 이용해서 서비스의 질이 향상되었으므로 여러 가지를 사용해 보고 내 스타일과 맞는 제품을 이용하면 좋겠다. 한 가지 주의할 점은, 영어 이메일의 맥락과 의도를 가장 잘 알고 있는 사람은 나라는 것이다. 문장이 유려하게 수정되었어도 내 의도와 달라질 수 있기 때문에 그대로 복사해서 붙이는 것이 아니라 꼼꼼히 읽은 뒤 취사선택하기 바란다.

Chapter

04

비즈니스 이메일의 시작과 끝

BUSINESS ENGLISH EMAIL ●

01

제목이
반이다

       주말이 낀 연휴를 보내고 회사에 출근했다. 출근하자마자 컴퓨터를 켜고, 메일함을 연다. 확인하지 않은 이메일 수백 통이 쌓여 있는 상황. 어떤 이메일을 먼저 클릭할까?

    나는 하루에 수십 통에서 수백 통의 메일을 받는다. 회사 관련 미디어 기사를 정리해서 보고하는 이메일부터, 중요한 제품 출시 날짜를 공지하는 이메일, 회의를 요청하는 이메일 등 종류도 다양하다. 메일함을 열었을 때 가장 먼저 발신자를 본다. 모르는 사람이나 업체보다는 상사가 보낸 이메일, 동료가 보낸 이메일이 우선이다. 발신자 이름을 확인한 후에는 메일 제목을 본다. 가장 중요한 사안을 담은 것 같은 제목 그리고 '긴급'이라는 표시가 있는 제목의 이메일부터 클릭한다. 그러니 이메일 제목이 중요하다. 본문보다 제목을 쓸 때 두 배의 시간을 들이라는 조언이 있을 정도다.

    한 글로벌 회사의 세일즈 총괄 대표는 자신의 성공 비결로 효율성을 꼽았다. 그는 이메일에서 새어 나가는 모든 시간을 줄이는 것이 목표라고 한다. 그는 '다른 사람의 시간을 어떻게 줄여 줄까?'라는 관점에서 이메일 제목에 자신이

실전 비즈니스 영어 이메일

답변하는 핵심 내용을 괄호로 표시해 넣는다. 예를 들어, 설문 조사 요청을 완료했다는 메일에는 'complete'라고 쓰고, 피드백을 구하는 이메일에 대한 답장에는 당연히 피드백을 드린다는 의미로 'certainly' 라고 쓴다. 이렇게 한눈에 보이는 이메일 제목은 받는 사람과 보내는 사람 모두의 시간을 아껴서 효율을 높여 준다.

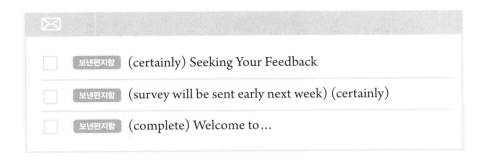

제목을 쓸 때 가장 주의해야 하는 점은 수신자 입장의 제목이어야 한다는 것이다. 수신자의 눈에 가장 잘 들어오고 수신자가 읽고 싶은 제목을 쓰는 것이 중요하다. 하루에도 수십 수백 통의 이메일을 받는 수신자의 눈길을 끌려면 이메일 제목만 보고도 내용을 짐작할 수 있도록 써야 한다. 그렇다면 눈에 띄는 제목은 어떻게 작성할까?

❶ 6-8단어로 승부를 보자

제목이 너무 길어 줄이 넘어가면 확인 순위에서 밀리게 된다. 요새는 모바일로도 메일을 많이 읽기 때문에 최대 6-8 단어가 넘지 않게 제목을 쓰자.

- **Meeting Minutes - March 23, 2022** 회의록 – 2022년 3월 23일
- **Content Update:** 내용 업데이트:
- **Important Update: Korea managers** 중요 업데이트: 한국 관리자
- **Your training is booked** 교육이 예약되었습니다
- **Confirmed: your session at 3:00 p.m.**
  확인됨: 오후 3시에 세션이 시작됩니다
- **Checking in with you** 확인차 드리는 메일 → 경과나 상태를 확인하는 메일
- **Hello from [your name] at [company name]**
  안녕하세요 [회사명]의 [이름]입니다

    예) **Hello from Danielle at Medidata** 안녕하세요 메디데이터의 대니엘입니다
- **Tomorrow's Networking Event:** 내일의 네트워킹 이벤트:
- **Upcoming opportunities/opportunity** 앞으로 있을 기회
- **[Confidential]** [극비 사항]

❷ **중요한 키워드를 포함하자**

이메일 제목에 내용을 쉽고 빠르게 추측할 수 있도록 핵심 단어를 포함시키는 것이 가장 효과적이다. 상황별 예를 살펴보자.

❶ 피드백을 구하는 이메일이라면 'feedback'이라는 단어를 포함한다.
- **Peer Feedback Request** 동료 피드백 요청
- **Share your feedback in an employee survey**
  직원 설문 조사에 참여해 피드백을 주세요

❷ 입사 지원 메일이라면 지원하는 자리와 이름을 함께 쓴다. (내가 인사 담당자라면 제목만으로 쉽게 지원자를 찾을 수 있게 효율적으로 자신을 드러내는 지원자에게 높은 점수를 줄 것 같다.)

- **[Job Application: PR manager] Danielle Chong**
  [채용 지원: 홍보 매니저] 대니엘 정   *PR: public relations, 홍보

❸ 프로젝트에 대한 업데이트라면 프로젝트명을 제목에 포함한다.

- **Write Feedback for OO** OO에 대한 피드백을 작성해 주세요
- **Daily Media Monitoring** 일일 미디어 모니터링
- **Product Feature Update** 제품 기능 업데이트
- **Webinar on Product Update** 제품 업데이트 웨비나
  * webinar: 인터넷상의 세미나
- **[Korea] Interview Request** [한국] 인터뷰 요청

❸ 행동을 요청하는 단어를 앞에 쓰자

공지 메일의 경우는 행동을 요청하는 핵심 단어를 제목 앞쪽에 쓰는 것이 좋다. 이메일을 받은 사람이 해야 할 행동을 제목에 포함하면 이메일의 중요도를 분류하는 데 도움을 줄 수 있다. 내가 원하는 행동을 수신자가 할 수 있도록 알려 주자. 요청하는 행동을 나타내는 단어를 대괄호 [ ] 안에 넣는 것도 좋은 방법이다. 대괄호 안에 있는 행동 단어를 보고 어떤 행동을 해야 할지 바로 알게 되므로 효율적이다.

- **Review to Confirm** 검토하여 확인해 주세요.
- **Review Media Interview Opportunity:** 미디어 인터뷰 기회 검토 요청:

- **Request:** 요청:

- **[Alert]** [주의]

- **[Action]** [행동] → 행동이 요청됨

- **[Inform]** [알립니다] → 정보를 알릴 때

- **[Completed]** [완료] → 계약서 등이 완료된 경우

- **Heads Up:** 살펴보세요 → 업데이트가 있는 경우

- **Comms FYI** 커뮤니케이션 참고 자료 → 커뮤니케이션 팀에서 참고하라고 보내 주는 자료

- **Meeting Schedule Confirm Request** 회의 일정 확인 요청

❹ 정말 중요한 단어는 대문자로 강조하라

마감 기한이 있는 중요한 공지는 제목에 대문자를 써서 주의를 끄는 게 좋다. 다만, 대문자는 사람에 따라 소리치거나 화내는 느낌으로 받아들일 수 있기에 남용하지 말아야 한다. 정말 중요하고 급한 경우에만 쓰자.

- **[DEADLINE: today]** [마감일: 오늘]

- **[HOLD]** [보류]
  → 1) 발표 시점 등이 미뤄져 행동을 취하지 말고 기다리라는 요청이 있는 경우
    2) 미리 미팅 시간을 잡아 두는 경우에도 사용 (105쪽 참조)

- **[FINAL REMINDER]** [최종 알림]
  → 마감 기한이 있는 작업을 완료하기를 요청하는 메일. 원래 메일의 제목 앞에 최종이라는 걸 덧붙여서 다급한 이메일이라는 것을 알린다. (Reminder → REMINDER → FINAL REMINDER)

❺ 메일을 보내기 전에 다시 한번 제목을 검토하라

제목과 메일 내용이 어울리는지 최종적으로 검토하고 보내자. 제목을 쓴 이후에 본문을 쓰다 보면 본문의 내용이 제목과 달라지는 경우가 발생할 수 있다. 따라서 본문 내용에 맞는 제목인지 다시 한번 확인해야 한다. 또, 제목에 철자 오류가 있다면 처음부터 신뢰도가 하락할 수 있다. 전송 버튼을 누르기 전에 꼭 검토하자.

지금까지 효과적인 이메일 제목 작성 원칙을 살펴봤지만, 경우에 따라 이런 원칙에서 벗어나는 제목도 효과적일 수 있다. 최근에 전 세계 대학의 수업을 들을 수 있는 플랫폼인 코세라^{Coursera}에서 보낸 "Earn a degree in Computer Science from the University of London(런던 대학교에서 컴퓨터 과학 학위를 취득하세요)"이라는 제목의 이메일을 받았다. 런던 대학의 수업을 한국에서 들을 수 있다면 어떨까 기분 좋은 상상을 하면서 메일을 클릭했다. 이런 걸 보면 꼭 짧은 제목만이 효과적인 것은 아니다.

| 예시 1 |

This YEAR in Decentraland! Recap all the best NYE events in the metaverse.

디센트럴랜드의 한 해! 메타버스에서 최고의 NYE(New Year's Eve: 새해 전날) 이벤트를 모두 확인하세요.

Hi Danielle,

Decentraland is home to dozens of community-organized events that happen every day. 디센트럴랜드에서는 매일 수십 개의 커뮤니티 주최 이벤트가 열립니다.

메타버스 플랫폼 디센트럴랜드Decentraland에서 받은 메일(예시 1)도 길지만 효과적인 제목의 예를 보여 준다. 메타버스에 올해 어떤 일들이 있었는지 궁금증을 자아내면서도 이메일의 내용을 요약하는 제목이기 때문이다.

| 예시 2 | 회사 공지 메일

You need to reset your personal password for the intranet.
인트라넷의 개인 암호를 재설정해야 합니다.

Hi Danielle,

We detected a reuse of your password. 비밀번호 재사용이 감지되었습니다.

위 이메일 제목을 "[Action Required] Reset your personal password"라고 쓸 수도 있다. 동사로 제목을 시작하면 강요처럼 느껴지는데, 문장으로 쓰니 정중하고 설득력 있게 들린다.

간혹 수신자의 관심을 끌고 싶어서 자극적인 제목을 쓰고 싶은 유혹이 생길 수도 있다. 하지만 과대 포장이 심하거나 너무 자극적이면 외면당할 확률이 더 높으므로 지양하자.

× **Can you imagine your company…?** 상상해 보세요. 당신의 회사가…?

× **We Did a Study, and Now We Want You to Read the Whole Thing Right Now**◆ 저희 조사에 따르면 당신은 지금 이걸 전부 읽어야 합니다

◆ "8 Terrible Email Subject Lines" (https://act-on.com/blog/8-terrible-email-subject-lines)

마지막으로, 내가 보내는 메일이 스팸메일함으로 갈 가능성이 있는지 점검하라. 예를 들어, 'Free', 'Act now', 'Credit', 'Offer' 등의 단어는 스팸 필터 때문에 바로 휴지통으로 들어갈 가능성이 높으니 주의하자. 많은 이야기를 썼지만, 이메일 제목에 정답은 없다. 수신자가 바로 클릭할 만한 효과적인 제목을 고민해 보자.

 ## 이렇게는 쓰지 마세요!

☹ [YOU SHOULD REPLY TO THIS BY TODAY]

제목 전체를 대문자로 쓰면 소리지르는 듯한 느낌을 준다. 상대방이 무례하다고 느낄 수 있기 때문에 이런 제목은 삼가자.

☹ RE: RE: RE: RE: RE: RE: RE: RE: RE: RE:...

이메일 서비스를 하는 플랫폼에 따라 회신 이메일에 'RE:'라고 붙는 경우가 있다. 한두 번 붙는 'RE:' 헤드라인은 회신이라는 것을 알려 주지만, 회신에 회신을 거듭하다 보면 원래 제목은 알 수도 없고 스팸처럼 되고 만다. 'RE:'가 2개 이상이면 다음에 회신할 때는 추가적인 'RE:'는 지우고 보내자.

☹ I need an urgent meeting with you. Can you please let me know when you are available today? I want to check with you about the figure that you presented during the marketing meeting.

마음이 급하다고 제목을 길게 쓰지 말자. 제목에 문장이 2개 이상 들어가면 내용 전달은 어렵다. 급한 메일의 경우는 '[Action Required]', '[Final Reminder]' 등 행동을 독려하는 단어를 써 보자. 더 급할 경우는 '[ACTION REQUIRED]', '[REMINDER]'처럼 대문자를 사용하라. 긴 제목보다 효과적이다. 간혹 '[Urgent]'라고 쓰는 경우가 있는데, 'Urgent'는 회사의 비즈니스에 영향을 줄 정도의 긴급하고 위중한 상황에만 사용할 것! 'Urgent'를 남발하다가는 양치기 소년 취급을 받을 수 있으니 주의하자.

02

인사말은
어떻게?

　　　　　　　　모든 글에는 형식이 있듯이 이메일에도 형식이
있다. 〈제목-인사(호칭)-서두-본문-결론-인사〉가 이메일의 기본적인 틀이
라고 보면 된다. 제목을 썼다면 다음은 인사를 할 차례다.

　우리는 사실 이메일의 기본 양식과 표현을 이미 학교에서 배웠다. 그중에 실
제로 쓰이는 표현과 쓰이지 않는 표현을 구분해서 사용하기만 하면 된다. 예를
들어, 'To Whom It May Concern(담당자님께)' 같은 표현은 실제로는 잘 쓰지
않는다. 메일 수신자가 누구인지 모를 경우에는 이 표현을 사용할 수도 있지
만, 담당자를 찾아보지도 않고 메일을 보낸 성의 없는 사람으로 보일 가능성이
있다. 그래서 이렇게 시작하는 메일은 답변을 받기도 어렵다. 수신자는 웬만하
면 콕 지정할 것!

　그럼 담당자를 모를 경우에는 어떻게 하는 것이 좋을까? 회사 홈페이지 등
을 검색해서 담당자 이름을 찾자. 회사에 대한 조사를 한 성실한 사람이라는
인상을 줄 수 있다. 담당자를 찾을 수 없다면, 내가 찾고자 하는 사람이 속한 부
서를 지칭하면서 이메일을 시작하는 것도 방법이다. 담당 부서명 또는 '부서 매

니저님께'라고 쓰는 것도 좋다.

> - **Dear HR Manager** 인사 담당 매니저님께
> - **Dear Recruiting Manager** 채용 담당 매니저님께
> - **Dear Customer Service Manager** 고객 지원팀 매니저님께
> - **Dear Human Resources Team** 인사팀께

　같은 회사 동료들이나 친분이 있는 외부 사람에게 보내는 메일에서는 인사(호칭)를 어떻게 쓰는 게 좋을까? 가장 자주 쓰는 말은 'Hi'다. 'Hi'는 가장 무난하고 안전한 표현이다. 'Hi' 다음에 이름을 쓰면 된다(예: Hi Sora). 수신자가 여러 명일 경우는 'Hi team', 'Hi all', 'Hi', 'Hi everyone' 정도로 써도 무방하다(한국어로는 '안녕' 정도로 번역되는 'Hi'가 무례하다고 느낄 수 있지만 영어에서는 무례한 표현이 아니다).◆

　'Hey'는 너무 캐주얼해서 전문적으로 보이지 않고, 예의 없게 느껴지기도 하므로 비즈니스 이메일에서는 아주 친한 사이가 아니고서는 쓰지 않는다. 하지만 최근에는 링크트인LinkedIn에서 모르는 사람에게 쪽지나 메일을 쓸 때 친근감을 높이기 위해서 'Hey'를 쓰기도 한다. 또, 사내 채팅에서도 캐주얼하게 쓴다. 그러나 역시 'Hey'보다는 'Hi'를 쓰는 것이 더 안전하다.

◆ 문법적으로는 Hi 다음에 콤마(,)를 쓰는 것이 맞지만 이메일에서는 보통 생략한다. 'Hi Sora,'와 같이 이름 뒤에 콤마를 쓴다.

무난한 인사말과 최악의 인사말

퍼크박스Perkbox의 미국인 대상 설문 조사에 따르면 이메일을 시작하는 첫 문구 중 가장 무난한 것은 다음과 같다.

- **Hi - 49%** 안녕하세요
- **Good morning/afternoon - 48%** 좋은 아침/오후입니다
- **Hello - 21%** 안녕하세요
- **Dear - 20%** ~께
- **Happy + 요일 (Happy Monday! Happy Friday!) - 7%** 즐거운 ~입니다

대부분의 응답자들은 'Hi'를 선택했고, 그다음으로 'Good morning/afternoon'을 골랐다. 'Dear'로 보낸 메일에 내가 답장으로 'Hi'를 쓴다면 오히려 나를 예의 바르지 못한 사람으로 여길 수 있다. 이메일 쓰는 사람이 'Dear'를 쓰면 나도 맞추어서 응대하는 것이 좋다.

한편, 최악의 인사말로 뽑힌 것들은 다음과 같다.

- **No greeting - 53%** 인사말을 하지 않는 것
- **To Whom It May Concern - 37%** 담당자님께
- **Hey - 28%** 안녕
- **Happy + 요일 (Happy Monday! Happy Friday!) - 23%** 즐거운 ~입니다
- **Greetings - 22%** 인사드립니다

53%가 받는 사람에게 인사하지 않는 것이 이메일을 시작하는 가장 나쁜 방법이라고 말할 정도로 인사말이 없는 것은 큰 실례다. 흥미로운 것은 'Happy Monday!'와 같은 인사를 괜찮은 시작으로 선택한 응답자가 7%인데, 같은 인사를 최악의 인사말로 꼽은 응답자는 23%라는 점이다. 또, 22%의 응답자가 'Greetings(인사드립니다)'를 최악의 인사말로 뽑은 것도 흥미롭다. 같은 인사말도 누군가에게는 최악으로 느껴질 수 있다는 점을 기억하자.

Well wishes도 최고의 인사말이다

'Well wishes'는 좋은 일이 일어나기를 바라는 마음을 전하거나 지지를 표시하는 친절한 말이다. 한마디로 다정한 인사말이다. 잘 쓰인 well wishes는 딱딱하고 사무적인 분위기를 풀고 읽는 사람의 마음도 열어 줄 수 있다. 특히 오랜만에 메일을 쓰는 사이일 경우는 꼭 well wishes로 시작하자. 유용하게 쓸 수 있는 well wishes 표현을 아래에 정리해 두었다.

- **I hope all is well.** 별일 없으시죠?
- **I hope you had a terrific weekend.** 멋진 주말 보내셨길 바랍니다.
- **I hope you had a nice weekend.** 좋은 주말 보내셨길 바랍니다.
- **I hope you enjoyed your weekend.** 즐거운 주말 보내셨길 바랍니다.
- **I hope you are doing well.** 잘 지내고 계시죠?
- **I hope you're having a wonderful day.** 좋은 하루 보내고 있기를 바랍니다.
- **I hope this email finds you well.** 이메일이 잘 도착하길 바랍니다.

호의는 호의를 부른다. 가벼운 날씨 이야기, 기분 이야기로 내용에 앞서 호의를 보여 주자.

하지만 급히 용건을 말해야 하는 이메일에서는 당연히 생략해도 좋다. '제품 출시가 연기되었는데, 언제 받을 수 있나요?' 등 급박한 일 처리가 필요한 경우 안부 인사가 너무 길어지면 이메일의 목적이 묻히기 쉬우므로 간단하게 쓰자.

이렇게는 쓰지 마세요!

☹ **Dear,** 친애하는 분께,

이름을 안다면 이름을 함께 불러 주자. 'Dear,'보다는 'Dear Steve,'라고 쓰자.

☹ **Jean!!!!** 진!!!!

이름 뒤에 느낌표를 쓰는 것은 이름을 갑자기 힘차게 외치는 듯한 느낌이 든다. 특히 느낌표를 여러 개 쓰는 것은 너무 감정적이거나 성숙하지 않은 느낌을 준다. 느낌표는 필요할 때 한 번만 쓰자. (간혹 채팅에서나 아주 반가운 기분을 나타낼 때는 느낌표를 여러 개 쓰기도 한다.)

☹ **Hi Joonson,** 안녕하세요 준슨(원래는 Johnson)

간혹 이름 철자를 잘못 쓰는 경우가 발생할 수 있는데, 어떤 사람에게는 모욕적으로 느껴질 수도 있다. 수신자의 이름 철자는 두 번, 세 번 확인하자!

☹ **Hey! / Hey there! / Hey yo!** 안녕!

친구들 사이에 쓰기에는 좋은 표현이지만 공식적인 비즈니스 이메일에 쓰기는 적절하지 않다.

☹ **Dear Sir or Madam,** 친애하는 선생님께

너무 격식을 차린 표현이고, 불평이나 코멘트를 하기 위해서 일부러 사무적으로 쓴 느낌이다. 거리 감을 줄 수 있다.

☹ **To Whom It May Concern,** 담당자님께

정말 수신자를 모를 때 쓸 수 있는 표현이지만, 구식이고 성의 없는 느낌을 준다.

03

효과적으로
ice breaking하는
꿀 표현

미국계 제약 회사를 다닐 때의 일이다. 미국 회사라서 효율을 중시하기도 하고 업무량도 많았기 때문에 효율적으로 업무를 하는 것에 중점을 두었다. 일이 몰려들수록 마음의 여유가 사라져서, 남편한테서 전화가 오면 "핵심만 말해. 나 바빠."라고 하기 일쑤였다. 오랜만에 안부 전화를 걸어 준 친구에게 "용건이 뭔데?"라고 하기까지 했다(친구야, 미안하다…).

오랜만에 전화해 온 친구에게는 "용건이 뭔데?"보다는 "잘 지냈니? 오랜만이다."라고 인사를 건네는 것이 어색한 분위기를 깨고 서로 기분 좋게 대화를 시작하는 방법일 것이다. Ice breaking은 이메일에서도 매우 중요한 역할을 한다. 특히나 아직 어려운 관계에서는 ice breaking해 주는 말을 넣는 게 더 예의 발라 보인다.

그렇다면 어떤 표현을 쓰는 게 좋을까? 가장 클래식한 표현으로 다음 예문들을 많이 쓴다.

❶ 오랜만에 연락할 때

- **I hope you are well.** 잘 지내시죠?

- **I hope you are doing well.** 잘 지내고 계시죠?

- **I hope this email finds you well.** 이메일이 잘 도착했겠죠?

❷ 오랜만에 온 메일에 답장할 때

- **It is great to hear from you.** 소식을 들어서 정말 반가워요.

- **What a nice surprise!** 뜻밖의 반가운 연락인데요!

❸ 바로 용건을 시작하기 어려울 때 간단히 안부 묻기

- **I hope you are having a great day.** 좋은 하루 보내고 계시죠?

- **I hope you had a good weekend.** 주말 잘 보내셨죠?

- **I hope you are having a lovely week so far.**
  좋은 한 주 보내고 계시죠?

위의 예문들이 너무 딱딱하게 여겨진다면 동료 사이에서는 아래와 같이 좀
더 유머러스하게 시작해도 좋다.

- **I hope the week was only mildly boring.**
  이번 주가 견딜 만했으면 좋겠어요.

- **Just what you needed: another email.**
  당신에게 딱 필요한 걸 드리죠. 이메일 한 통 더요.

- **Happy Not-Monday!** 어쨌든 월요일은 아니니까요!

- **I hope you're surviving another workweek.**
  또 다른 한 주를 잘 헤쳐 나가고 계시길 바라요.

- **I promise this email isn't as long as the previous one.**

  이 이메일은 이전 이메일만큼 길지 않다고 약속해요.

- **There are just 2 days until Friday!** 금요일까지 겨우 이틀 남았네요!

- **Only 3 more days until Friday!** 금요일까지 이제 3일!

- **I hope your morning coffee was as strong as mine.**

  당신이 마신 모닝 커피가 제 것만큼 강했으면 좋겠네요.

- **Sorry for sabotaging your inbox zero, but...**

  받은 편지함 0을 방해해서 미안하지만….

- **I promise that this is the last email you'll receive from me. This week.** 이게 제가 보내는 마지막 이메일임을 약속드려요. 이번 주에는요.

- **Yep—you guessed right. It's me again.** 네, 맞습니다. 또 저예요.

상대방의 링크트인이나 소셜 미디어를 보고 그 내용을 언급하면서 친근하게 인사를 건네는 것도 좋다. 하지만 친분이 없거나 돈독하지 않은 사이에 상대방에 대한 너무 개인적인 내용을 줄줄 언급하면 스토커 같은 인상을 줄 수 있으니 간단하게만 쓰자. 예를 들어, 서로 소셜 미디어 계정을 공개하지 않았는데 상대방의 포스팅을 보고 아는 척을 하는 것은 'ice breaking'이 아니라 'ice making'이 될 수 있다.

- **I saw your LinkedIn posting yesterday.**

  어제 링크트인에 올리신 게시물 봤어요.

- **I read your column in *Marketing Today*.**

  〈마케팅 투데이〉에 쓰신 칼럼을 읽었습니다.

| 예시 |

Nate told me during our conversation that I must contact you immediately and have you appear as one of my upcoming guests. Additionally, I just completed watching your most current YouTube video on performance marketing.

네이트와 이야기하다가 당장 선생님께 연락드려서 다음 게스트 중 한 분으로 모셔야 한다는 말을 들었습니다. 게다가, 유튜브에 올리신 퍼포먼스 마케팅에 대한 영상을 조금 전에 봤습니다.

04

이메일에서
자기소개는
어떻게?

이메일에서는 어떤 경우에 자기소개를 할까? 크게 두 가지인데, 회사 내에서 다른 부서 사람에게 도움을 요청할 때와 회사 밖의 사람에게 나를 소개하고 알리면서 비즈니스 기회를 탐색하는 경우다.

이메일로 자기소개를 할 때는 한두 문장을 넘지 않도록 하자. 나는 누구이고 (이름, 직함), 어디서 어떤 일을 하고 있는지(부서, 주 업무) 최대한 간단하게 쓰면 좋다.

- **I am Danielle, and I work for Instagram comms in Korea.**
  저는 한국에서 인스타그램 커뮤니케이션을 담당하고 있는 대니엘입니다.

- **This is Danielle here. I cover Instagram communications in Korea.** 대니엘입니다. 한국의 인스타그램 커뮤니케이션을 담당하고 있습니다.

- **I am John, a marketing manager for Japan and China.**
  저는 존이고, 일본과 중국 담당 마케팅 매니저입니다.

최근에 받은 이메일 중 자연스러우면서도 내용을 잘 전달한 자기소개 사례가 있어서 소개한다.

| 예시 |

Hi Da Jeong! I'm pleased to e-meet you and hope you are doing well. I am Satia, the APAC* OOO Coordinator, reporting to OOO. We own and operate the △△△ Program in APAC. I would like to discuss our 2H plan with you and get your feedback.

다정 씨, 안녕하세요. 온라인으로 만나게 되어 반갑습니다. 잘 지내시죠? 저는 아태 지역 OOO 부서의 코디네이터로, OOO께 보고하는 사티아입니다. 저희 부서는 아태 지역에서 △△△ 프로그램 운영을 담당하고 있습니다. 하반기 플랜을 논의하고 피드백을 받고 싶습니다.

사티아는 인사를 하고 안부를 전한 후에, 자기가 어떤 일을 하고 누구에게 보고하고 있으며, 마지막으로 자신의 부서가 어떤 일을 맡고 있는지 설명한다. 이 사람에 대해 한눈에 알 수 있는 좋은 사례다.

중간에 연결해 준 사람이 있을 경우에는 꼭 언급하자. 서로 아는 사람을 언급하거나, 상대방의 이메일 주소를 어떻게, 누구한테서 얻었는지 설명하자. 명확하게 밝히는 것이 불필요한 오해를 일으키지 않고 호감으로 라포rapport를 형성할 수 있는 좋은 방법이다. 이때 주의할 점은 중간에 소개한 사람이나 받는 사람의 이름 철자를 정확하게 쓰는 것이다. 발음이 같아도 철자에 따라 다른 사람을 의미하게 될 수 있으니 'Elisabeth'인데 'Elizabeth'라고 쓰는 등 철자

◆ 글로벌 기업에서는 관리를 위해 전 세계를 몇 개의 영역으로 나누기도 하는데, APAC(Asia Pacific region: 아시아·태평양), EMEA(Europe, the Middle East, and Africa: 유럽, 중동, 아프리카) 등의 약어를 쓴다. 간혹 일본 시장이 큰 회사의 경우에는 APEJ(APAC except Japan)로 지역을 나누어 일본을 제외한 나머지 아시아 시장을 묶는 경우도 있다.

실수에 주의한다. 또 같은 이름을 가진 사람이 여러 명일 수 있기 때문에 "Jean from Marketing, AAA Paper(AAA 제지 마케팅 부서의 진)"와 같이 소개해 준 사람의 부서나 회사를 같이 써 주는 것도 좋은 방법이다.

> - **I got your email from Jason (from the sales team) last week to ask you about the new trend on social media.**
>   지난주에 영업 부서의 제이슨에게서 당신의 이메일을 받았는데요, 소셜 미디어 트렌드에 대해 여쭤보려고 합니다.
>
> - **I received your contact information from Sun on the OOO marketing team.**
>   OOO 마케팅 팀에서 일하는 썬에게서 당신의 연락처를 받았습니다.

05

마무리 멘트를
잘 쓰는 것도
기술이다

예의 바르게 시작한 이메일에 마무리까지 제대로 한다면 금상첨화. 마무리 멘트는 이메일의 목적을 달성하기 위해 도장을 찍는 역할을 한다.

외부 사람이나 친분이 없는 동료 직원에게 무언가를 요청하는 이메일은 예의 바르고 정중하게 마무리한다. 이메일 내용을 상기시키면서 메일을 읽어 주어서 고맙다는 뜻을 격식을 갖춘 표현을 써서 정중하게 전달하자.

- **I would appreciate it if you could inform me of your interest in this project.** 이 프로젝트에 관심이 있으신지 알려 주시면 감사드리겠습니다.

- **I look forward to hearing◆ from you.** 답변 기다리겠습니다.

- **Thank you for your time and consideration.**
  고려해 주시고 시간 내 주셔서 감사합니다. → 고려해 달라는 은근한 부탁의 의미도 포함

◆ 'look forward to ~' 뒤에 동사원형을 쓰는 실수(I look forward to hear from you.)를 하는 경우가 있는데, 여기서 'to'는 전치사로 뒤에는 명사나 동명사를 써야 한다는 것에 주의하자.

Hi Candy,

I am reaching out to ask for more information regarding the public affairs position. Does it require local government relations? I'd appreciate it if you could respond to this email or call me at 82-010-0009-0000.

공공 사업 담당자 자리와 관련해서 문의드립니다. 해당 직무에 지역 정부와의 관계가 필요한가요? 관련해서 답변을 이메일로 회신 주시거나 82-010-0009-0000으로 전화 주시면 감사드리겠습니다.

Thank you for your time.

시간 내 주셔서 감사합니다.

Sincerely,

Danielle Chong

자주 메일을 주고받는 사이에서는 이런 격식을 차릴 필요가 없다. 조직 문화에 따라 다르겠지만, 너무 격식을 차리면 오히려 과하다는 인상을 줄 수 있으므로 요점과 함께 마무리 인사는 간단하게 가자. 내용의 성격에 따라 고맙다는 표현은 생략할 수도 있다.

예를 들어, 다음 세 문장을 비교해 보자.

- **Please inform me if you require further information to expedite the process.**

  신속한 처리를 위해 추가 정보가 필요하신 경우 알려 주시기 바랍니다.

- **Please let me know if you need more information to make the process faster.**

  더 빠른 처리를 위해 추가 정보가 필요하면 알려 주세요.

- **Give me a shout if you need more info to speed things up.**

더 빠른 진행을 위해 정보가 더 필요하면 연락 줘요.

첫 번째 문장은 격식을 차린 표현이고, 두 번째 문장은 격식은 차리지 않았지만 충분히 예의 바른 표현이다. 세 번째 문장은 캐주얼한 표현으로 친한 사이에서 쓸 수 있다. 일반적인 회사 내부 이메일이라면 두 번째 문장 정도의 톤으로 쓰는 것이 가장 무난할 것이다. (분위기가 자유로운 편인 우리 회사에서는 팀내에서 세 번째 문장 정도의 톤도 많이 사용하긴 한다.)

- **If you have any questions, please let me know. Thanks!**

질문이 있으면 알려 주세요. 고마워요!

- **Thanks so much for your cooperation as these new processes get up and running.**

새로운 프로세스 확립과 실행에 도움을 주셔서 감사합니다.

- **These sessions are optional, but please join one or both if you'd like to dig into these topics more. I hope to see you there!**

이 세션들은 선택 참여가 가능합니다. 하지만 이 주제에 대해서 좀 더 논의하고 싶다면 적어도 한 세션 혹은 둘 다 참여해 주세요. 세션에서 만나요!

→ 회사 내부 구성원들의 만족도를 확인하는 설문 조사 결과에 대해서 토론하는 세션에 참여를 독려하는 이메일

- **I'd like to make sure we spend this time together, and I am looking for more active participation from all of you.**

저희 팀이 꼭 함께 시간을 보내기를 바랍니다. 또한, 모든 분들의 적극적인 참여를 바랍니다.

→ 팀 워크샵 일정 논의를 위한 미팅을 요청하면서 매니저가 보낸 이메일

- **I am so so so excited by all of this work. It's outstanding. Thank you for sharing this and keep us posted on how it goes!**

이 모든 일이 정말 정말 정말 놀랍습니다. 훌륭해요. 공유해 주셔서 고맙고, 앞으로 어떻게 진행되는지도 공유해 주세요!

→ 각 나라별 프로젝트 진행 상황 보고에 대해 응원과 격려를 보내는 말. 친한 사이기 때문에 잘했다는 것을 강조하기 위해서 'so so so'를 반복해서 썼다.

- **I hope this is helpful in guiding some of your outreach moving forward. Let me know if you have any questions!**

  본 가이드가 앞으로 미디어와 이야기하는 데 도움이 되길 바랍니다. 질문이 있다면 알려 주세요!

- **As always, don't hesitate to reach out to us with questions or for support!**

  여느 때처럼, 질문이 있거나 지원이 필요하다면 언제든지 망설이지 말고 저희 팀에게 알려 주세요!

- **Please let me know by COB Friday this week if you want to invite the press to attend this briefing.**

  만약 이 브리핑에 기자들을 초대하고 싶으면 이번 주 금요일 업무 시간 내로 알려 주세요.

  *COB: close of business, 업무 종료

- **If you have any questions, then please chat to one of us.**

  질문이 있다면 저희 팀 누군가에게 말씀해 주세요.

- **I look forward to speaking with and seeing you all soon.**

  여러분과 곧 만나뵙고 이야기 나누기를 기대합니다.

- **Thanks and let me know if you have any additional feedback.**

  감사합니다. 추가적인 피드백이 있다면 알려 주세요.

- **Thank you for your support, and I look forward to working with you to make it come to life.**

  도와주셔서 감사합니다. 곧 이 일을 실현하기 위해 함께 일하기를 바랍니다.

실제 외국계 회사는 내부에서 주고받는 이메일의 80% 이상을 간략하게 마무리한다(미국계 회사는 더욱). 나의 바쁜 시간만큼 상대방의 시간도 소중하기 때문이다. 너무 캐주얼한 건 아닐까 고민하지 않아도 좋다. 스타일일 뿐!

- **Thanks!** 고마워요!

- **Thanks, all!** 여러분, 감사합니다!

- **Thank you so much.** 정말 감사합니다.

- **Thank you and have a great weekend!** 감사합니다, 좋은 주말 보내세요!

- **Thanks, and I hope you find it helpful.**
  감사합니다. 도움이 되면 좋겠네요.

- **Thanks, and I am looking forward to speaking next week.**
  감사합니다. 다음 주에 말씀 나눠요.

- **Thank you and well done!** 고마워요. 잘했어요!

- **Thanks in advance and have a good weekend.**
  미리 감사드립니다. 주말 잘 보내세요.

격식을 차린 표현과 캐주얼한 표현의 차이

격식을 차린 표현	캐주얼한 표현
주어와 동사를 갖춘 완전한 문장(full sentence)으로 쓴다. • **I look forward to hearing from you soon.** 곧 연락 주시기를 바라겠습니다.	주어가 생략될 수 있다. • **Looking forward to hearing from you soon.** 연락 기다릴게요.
어려운 표현과 문장 구조를 사용하며 문장이 다소 길어질 수 있다. • **Kindly provide your input at your earliest convenience.** 최대한 빠른 시일 내에 의견 주시기 바랍니다. • **Should you require any further clarification, please do not hesitate to contact us.** 추가 설명이 필요하신 경우 언제든지 연락 주시기 바랍니다.	대화하듯이 쉬운 표현과 문장 구조를 사용하고 될수록 짧게 쓴다. • **Please let me know whenever you can.** 가능할 때 언제든 알려 주세요. • **If you need more information, please ask us.** 정보가 더 필요하시면 문의 주세요.
줄임말을 쓰지 않는다. • **I would like to inquire about the upcoming conference.** 예정된 컨퍼런스에 대해 문의드리고 싶습니다.	줄임말을 사용한다. • **I'd like to ask about the upcoming conference.** 다가오는 컨퍼런스에 대해 질문하고 싶은데요.
구동사(phrasal verb)를 잘 쓰지 않는다. • **At your earliest convenience, would you kindly provide me with the information?** 최대한 빠른 시일 내에 정보를 제공해 주시겠어요?	구동사를 자주 사용한다. • **Whenever you've got a moment, mind filling me in?** 시간 나실 때 알려 주시겠어요?

실전 비즈니스 영어 이메일

06

Sincerely,
를 쓸까
Best regards,
를 쓸까?

이메일 본문을 잘 마무리했다면 마지막 인사인 결구가 남았다. 아래 표현들이 가장 무난하다.

- Sincerely yours,
- Sincerely,
- Best regards,
- Best,
- Regards,
- With kind regards,
- With warm regards,

나는 이메일 마무리에 'Best'나 'Best regards'를 주로 쓴다. 'Regards'는 고대 프랑스어 'regarder'에서 유래된 단어로◆ 존경하고 존중한다는 뜻을 포함

◆ 현재 프랑스어에서는 '보다, 관찰하다'라는 뜻으로 쓰인다.

한다. '존경을 담아' 정도의 의미를 가지는 표현이다. 개인적인 이메일이나 업무상 이메일에서나 다 사용된다. 'Best'는 'Best regards', 'All the best', 'Best wishes' 등의 줄임말로, 간단하면서도 희망적인 마무리에 쓰인다. 두루두루 쓰기 무난한 표현이다.

많은 사람의 이메일 마무리 스타일을 관찰하고 분석했는데, 결론은 100이면 100, 사람마다 선호가 다르다는 것이다. 영어가 네이티브인 사람들이 좀 더 캐주얼하고 간단한 끝맺음을 선호한다.

캐주얼한 결구로는 'Thank you'나 'Thanks'가 가장 많이 사용된다.

- **Thank you,**
- **Thanks,**
- **Thanks again,**
- **Many thanks,**
- **Thanks a lot,**
- **Thanks a bunch,** → 정말 고맙다는 뜻으로 'Thanks a million', 'Thanks a ton', 'Thanks a load' 등도 비슷한 표현이다.
- **Cheers,**
- **With a big hug,**

실전 비즈니스 영어 이메일

07

이메일 서명은 어떻게 하는 것이 좋을까?

　　　　　　이메일을 교환한 사람에게 전화로 연락을 해야 할 경우 나는 으레 그 이메일을 찾아 메일 하단 서명에 연락처가 있나 찾아본다. 메일 하단에 남긴 이메일 서명은 나의 미니 명함이다. 이메일 서명을 잘 써 두면 이메일을 주고받은 상대방이 나에게 전화로 연락을 하거나 나에 대한 정보를 찾고 싶을 때 편리하다. 따라서 이메일 서명은 시간을 들여 별도로 작성하는 것이 좋다.

　이메일 서명에는 대개 이름, 직함, 연락처, 일하는 회사의 로고나 브랜드가 들어간다. 정해진 양식이 있는 회사도 있지만 그렇지 않은 경우에는 나만의 이메일 서명을 만드는 것도 방법이다. 요새는 이메일 서명을 있어 보이게 자동으로 생성해 주는 사이트도 많으니 이용해도 좋다.

실제로 사용되는 서명 사례를 제시한다.

| 예시 1 |

박주연 Park, Juyeon

(주)프랙티컬스트래티지 PRactical Strategy / 대표이사 Managing Director

Mobile +82-(0)10-0000-0000 / Email jyp@prtc.co.kr /
Add 서울시 중구 남대문로7길 16, 408호 (소공동, 한국빌딩) / HP www.prtc.co.kr

| 예시 2 |

∞ **Meta** → 회사 로고

Yoo Kim → 이름

Marketing Manager, Korea | Global Business Marketing → 직함, 부서

OOO Korea Limited | Bundang-ro 123, Gangnam-gu, Seoul, South Korea → 회사 주소

Meta | Mobile +82 00 000 0000 → 연락처
　└ 회사 로고에 홈페이지 링크 연결

Please check out @instagrambusinessforkorea for more insight for business. → 홍보 문구
　└ 인스타그램 링크 연결

요즘은 예시 1처럼 한글과 영어를 병기하는 경우도 많다. 예시 2처럼 연락처 아래에 회사의 가치나 미션, 혹은 새롭게 출시하는 제품이나 홍보하고 싶은 내용을 덧붙이기도 한다.

Please visit our Instagram account at @manygun.

저희 인스타그램 계정 @manygun을 방문해 보세요.

→ 비즈니스와 연계: 인스타그램 링크나 홈페이지 주소 등을 넣어서 비즈니스 사이트로 연결

At L'Oréal, our six values are at the heart of everything. Passion, innovation, entrepreneurial spirit, open mindedness, quest for excellence, and responsibility are our guidelines.

로레알에서는 여섯 가지 가치가 모든 것의 중심에 있습니다. 열정, 혁신, 기업가 정신, 열린 마음, 탁월함에 대한 탐구, 그리고 책임이 우리의 지침입니다.

→ 회사의 가치를 공유

이메일 서명은 제품 홍보에서부터 회사의 가치까지 소소하게 알릴 수 있는 미니 광고판이다. 최대한 적극적으로 활용하자. 그러고 보니 생각나는 일화가 있는데, 예전에는 핫메일hotmail과 같은 무료 이메일 제공 플랫폼의 이메일 서명란에 자동으로 광고가 붙기도 했다. 대학 시절에 어떤 남학생이 "너도 내가 마음에 든다면 OO백화점 정문으로 2월 1일 2시에 나와 주기 바란다"라는 고백 이메일을 보냈는데, 그 밑에 공교롭게 "러브톡톡에서 기다릴게"라는 광고가 딸려와 한참을 웃었던 기억이 있다(물론 나가지 않았다).

외국계 IT 기업에 근무하는 매니저 K

Q 자기소개 부탁드립니다.

저는 현재 IT 회사에서 한국과 일본 시장의 성장을 지원하는 일을 하고 있습니다. 여러 부서를 넘나드는 일이 많은 업무이다 보니 미국이나 영국에 있는 팀들과 매일 소통합니다.

Q 한국어와 영어를 완벽하게 구사하는 바이링구얼이신 걸로 아는데요, 영어 이메일에서 가장 중요한 것은 무엇이라고 생각하시나요?

직장에서의 일상적인 의사소통은 약 98%가 영어로 이루어지는데요, 이메일의 성격에 따라 두 가지로 나눠서 생각할 수 있을 것 같습니다. **사람을 소개하거나 연결해 주는 이메일**에서는 한두 문장으로 미리 용건을 설명해서 **맥락을 제공**하는 것이 중요합니다. 예를 들어 당사자들이 서로 알고 지내면 어떤 도움을 받을 수 있을지 설명합니다.

1. **WHO**: 소개하는 사람이 누구인지
2. **WHERE**: 그 사람이 일하는 곳
3. **WHAT**: 그 사람이 하는 일
4. **HOW**: 소개받는 상대방에게 그 사람이 어떻게 가치를 더해 줄지

업무용 이메일의 경우에는 **핵심을 간결하게 작성**하는 것이 가장 중요합니다. 읽는 사람이 45초 이내에 이메일을 스캔할 수 있어야 합니다. 그렇지 않으면 별도의 채널(예: 구글 공유 문서 등)에서 논의해야 합니다. 이메일 제목은 간결하면서도 필수 정보를 담고 있어야 합니다. 예를 들어, 이메일의 내용에 대한 명확한 단서를 제공하지 않는 "Annual Marketing Summit(연례 마케팅 서밋)"을 제목으로 쓰는 대신 "Influencer Invitation List for Annual Marketing Summit(연례 마케팅 서밋에 대한 인플루언서 초대 목록)"을 쓰는 거죠. 읽는 사람의 업무와의 관련성을 드러내는 제목으로 써 보세요.

영어 이메일을 쓸 때 사람들이 많이 하는 실수가 있을까요?

불분명하게 요청하는 경우가 많습니다. 받는 사람의 입장에서는 메신저, 공유 문서 알림, 내부 도구 알림, 이메일 등 모든 종류의 커뮤니케이션이 쏟아지는 상황일 것입니다. 그러니 이메일의 내용을 제대로 이해하는 것은 말할 것도 없고, 이메일 내용을 그저 따라잡는 것만으로도 힘듭니다. 이메일의 행간을 읽느라 시간을 낭비하지 않도록 요청하는 내용만 매우 간단하고 이해하기 쉽게 작성하세요.

그리고 **날짜가 정확한지, 링크가 잘 연결되는지**, 무엇보다 **받는 사람의 이름 철자가 올바른지**도 꼭 확인하세요! 기본 중의 기본인데, 은근히 실수를 많이 하시더라고요.

 영어 이메일을 작성하는 나만의 노하우가 있다면 소개해 주시겠어요?

첫째, **프레임워크를 설정**합니다.

1. **배경(Context)** – 이메일 내용이 '왜' 중요한지에 대한 1–2문장
2. **요약(Summary)** – 요청하는 '내용'에 대한 간결한 정보를 제공. 수신자에게 무엇을 요구하고 있나? 수신자가 알아야 할 사항은 무엇인가?
3. **다음 단계(Next Step)** – 즉각적이거나 장기적인 다음 단계에 대해 목록을 제공합니다. 여기에 원하는 데드라인과 실행 가능한 항목도 포함하세요.

둘째, **받는 사람이 쉽게 읽을 수 있도록** 합니다.

1. 날짜를 '03/17(월)'과 같이 '월/일(요일)' 형식으로 제공하면 읽는 사람이 요일을 확인하느라 달력을 찾아볼 필요가 없습니다. 입력 오류로 인한 오해의 소지를 줄일 수 있습니다.
2. CC(참조) – 매니저나 관련된 사람들을 반드시 포함하세요.
3. 약어 – 모든 사람이 내가 쓰는 약어를 이해하는 것은 아닙니다. 따라서 약어는 풀어서 적습니다(예: "AMS" 대신 "Annual Marketing Summit").

셋째, **투명성을 유지**하세요!
저는 특별한 요청이 없는 한 BCC(숨은 참조)를 사용하지 않습니다. 이유는 상대방에게 허락을 구하지 않고 스피커폰을 사용하지 않는 이유와 동일합니다. 커뮤니케이션을 할 때 신뢰를 무너뜨리지 않는 것이 중요합니다.

정보를
제공하는
이메일

BUSINESS ENGLISH EMAIL ●

01

전체
일정
공지하기

월요일 아침마다 하는 부서 회의에서부터 새로운 규정이나 프로젝트를 소개하는 회의 등 회사 일은 어찌 보면 쉴새 없는 회의의 연속이다. 글로벌 기업에서는 사람들이 다양한 시차가 있는 나라에서 일하기 때문에 회의를 위한 일정 조율이 필수다. 우리 회사는 일 년에 한두 번 각 나라에서 비슷한 업무를 담당하는 사람들(나라별 홍보 담당자)이 한데 모여서 성과를 공유하고 다음 분기의 계획에 대해서 논의하는 오프사이트off-site 모임을 한다.

케임브리지 사전은 'off-site'를 "사무실이나 공장에서 멀리 떨어진 곳에서 진행되는 회의나 행사(a meeting or other event that happens away from an office building or factory)"로 정의한다. 각 나라에서 따로 일하고 있는 사람들이 한자리에 모여 성과를 공유하고 팀워크를 다지는 자리다. 대부분 대면 모임인 오프사이트를 위해서는 적어도 두세 달 전, 늦어도 한 달 전에는 일정을 잡는다. 이때 쓰는 메일이 일정 공유와 공지 메일이다.

모든 사람들이 자신의 일정을 미루고 이 일정을 위해 시간을 빼 놓아야 하는 만큼 헤드라인이 가장 중요하다. 개최되는 모임의 이름과 함께, 날짜를 잡아 달라는 뜻으로 'Placeholder'를 많이 쓴다. "다들 바쁘실 테니 제가 미리 일정 잡아요~" 정도의 느낌이다. 플레이스홀더는 회의를 주재하는 대표자가 보낼 수도 있고, 직접 행사를 진행하는 팀이 보낼 수도 있다.

제목에는 'Placeholder: 모임의 이름'을 쓴다. 간략하게 'Hold'로 쓰는 경우도 있다.

- **Placeholder: Global Marketing Summit**
  플레이스홀더: 글로벌 마케팅 서밋

- **Placeholder: APAC Comms Team Activity (Virtual)**◆
  플레이스홀더: 아태 지역 커뮤니케이션 팀 활동(온라인)

- **[Hold] Policy team off-site (MPK)**◆◆
  [홀드] 정책 팀 오프사이트(MPK)

- **Placeholder: Dinner with Cameron Diaz**
  플레이스홀더: 캐머런 디아즈와의 저녁 식사

  → 외부 손님과의 저녁 식사를 공지하는 메일 제목

미리 일정만 잡으려고 보내는 이메일인 것을 생각하면 본문은 간단하다. 물론 구체적인 세부 일정이 이미 나와 있으면 같이 공유해도 좋다.

◆ 최근에는 팀 빌딩을 온라인으로 진행하는 경우도 많기 때문에 그런 경우에는 'Virtual' 혹은 'Online'이라는 말을 덧붙여 주면 좋다.
◆◆ 장소를 강조하고 싶을 때는 괄호 안에 장소를 넣어도 좋다. MPK는 메타에서 '본사'를 말하는 축약어다. 본사가 위치한 미국 캘리포니아주에 있는 도시인 Menlo Park(멘로 파크) 지역을 약어로 표기한 것이다.

| 예시 1 | 온라인 모임 공지

Placeholder: APAC MKT Team Activity (Virtual)

플레이스홀더: 아태 지역 마케팅 팀 활동(온라인)　　　　　　*MKT: marketing의 약자

All,

We are planning to have a virtual team engagement this quarter since our in-person off-site has been postponed. Clear your calendar first. More details to follow. 😊

Thank you.

이번 분기에 대면 오프사이트 일정이 연기되어 온라인으로 팀 활동을 하려고 합니다. 우선 일정을 비워 주세요. 좀 더 자세한 내용이 조만간 공지될 예정입니다. 감사합니다.

Best,

Danielle

| 예시 2 | 오프라인 모임 공지

Placeholder: EMEA Partnership Off-site (2022 2H)

플레이스홀더: 유럽, 중동, 아프리카 파트너십 팀 오프사이트(2022년 하반기)

All,

I am sending out a placeholder just to block off everyone's calendar for now. More details will come.

여러분들의 일정을 임시로 잡아 두기 위해서 플레이스홀더를 보냅니다. 좀 더 자세한 사항은 차후에 알려드리겠습니다.

Best,

Tom

> ✉   — ↗ ✕
>
> ## Placeholder: Mandatory training 플레이스홀더: 의무 교육
>
> Hi everyone,
>
> Your attendance is required at this mandatory training on persons with disabilities (PwD). Thank you in advance for making time to attend this session.
>
> 장애인에 대한 의무 교육에 참석하셔야 합니다. 교육 참석을 위해 시간 내 주셔서 미리 감사드립니다.

장소 등이 확정되었다면, 업데이트를 하면서 'Placeholder' → 'Confirmed'로 변경하기도 한다.

Confirmed: Dinner with Cameron Diaz

확정: 캐머런 디아즈와의 저녁 식사

이렇게 일정을 공유한 이후에는 어떤 일을 해야 하는지 다음 단계로 넘어가보자. 구체적인 안건이 확정되면 세부 일정을 담은 정식 초대 이메일을 보낸다.

- **You are invited to the year-end party on December 1.**

  12월 1일 연말 파티에 초대합니다.

- **Join us for a company-wide Q&A in Workplace at 11:00 a.m. PT!**

  전사적으로 질의 응답이 있을 예정이니 퍼시픽 타임으로 오전 11시에 워크플레이스에서 만나요!

| 예시 4 |

All,

We have finalized our in-person off-site dates. This is how the draft agenda is going to look:

대면 오프사이트 날짜가 확정되었습니다. 대략적인 안건은 다음과 같습니다.

- Wednesday, November 9, 2022 - Day 1: In-Person Off-site (full day with team dinner)
- Thursday, November 10, 2022 - Day 2: In-Person Off-site (full day)

– 수요일 2022년 11월 9일 – 1일차: 대면 오프사이트(하루 종일 진행되고 저녁에 팀 식사가 있습니다)
– 목요일 2022년 11월 10일 – 2일차: 대면 오프사이트(하루 종일 진행됩니다)

The planning group is still working on the agenda. We will send out the final version closer to the date.

기획팀이 상세 안건에 대해 정리 중이며 날짜가 가까워질 무렵 최종 버전을 공유하겠습니다.

I am looking forward to seeing everyone in person!

여러분 모두 대면으로 만날 날을 기대하며!

◆ Workplace는 메타에서 제공하는 기업용 비즈니스 커뮤니케이션 플랫폼으로, 기업의 인트라넷 플랫폼이다.

실전 비즈니스 영어 이메일

스케줄러를 따로 보내는 경우 주소가 자동적으로 들어가기도 하지만, 아닐 경우 메일 본문에 링크를 삽입해 주는 것도 상대방이 두 번 일하지 않게 도와주는 일이다.

| 예시 5 |

Ways to Join 참여 방법

• **Computer or Mobile:** 컴퓨터 또는 모바일:
https://fb.zoom.us/j/90909090909

• **Zoom Meeting Info:** 줌 회의 정보:
Meeting ID: 900000000 회의 ID:
Passcode: 13131313 암호:

☎ **Telephone:** 전화:
Dial in on any of the following: 다음 번호 중 하나로 전화하세요.

공지 후 변동 사항 업데이트하기

공지를 보낸 이후에 행사가 취소되거나, 장소나 날짜 등 변동 사항이 생기는 경우가 발생할 수 있다. 또, 최종 공지를 별도로 보낼 때도 있다. 플레이스홀더를 취소하는 이메일을 보낼 때는 받는 사람이 행사가 취소되었다고 오해할 수 있기 때문에 취소 사유를 설명하는 것이 좋다. 변동 사항을 제목에 명시하는 것도 좋은 방법이다. 가령, 전 직원이 모이는 미팅이 4월 19일로 연기되었다고 알릴 때 제목을 'Please read: Town Hall moved to April 19'과 같이 작성하면 본문을 읽지 않아도 변동 사항을 한눈에 확인할 수 있다.

❶ 일정이 확정되어 최종 초대가 가고, 임시로 잡아 두었던 플레이스홀더를 취소하려고 할 때

> **All, I'm removing this placeholder since there was already an invitation sent out by our exhibition team. Please let me know if you're not seeing it on your calendar.**
>
> 여러분, 전시팀에서 이미 초대장을 발송했기 때문에 이 플레이스홀더를 삭제합니다. 캘린더에 표시되지 않을 경우 알려 주세요.

> **I'm deleting this placeholder since an invitation has already been sent out.**
>
> 이미 초대장이 발송되었으므로 이 플레이스홀더를 삭제합니다.

❷ 행사가 취소되었을 때/일정이 변경되었을 때

> **I'm sorry that we need to cancel/reschedule♦ our team meeting this half due to the company's financial status.**
>
> 회사의 재정 상황으로 인해 이번 하반기에 예정된 팀 미팅을 취소하게/일정을 변경하게 되어 양해 바랍니다.

♦ 'reschedule'은 추후에 일정을 다시 잡을 수도 있다는 뜻으로, 좀 더 부드럽게 넘어가는 표현이 될 수 있다.

실전 비즈니스 영어 이메일

Q4 off-site rescheduled for Q1 next year 4분기 오프사이트 내년 1분기로 연기

Hi everyone,

I want to let you know that we're going to reschedule our Q4 off-site (October 26) to Q1 next year.

4분기 오프사이트(10월 26일)를 내년 1분기로 변경할 예정임을 알려 드리고자 합니다.

There are a few reasons for this. To be honest, it's mostly the timing. A few people have told me that you were/are planning your PTO during this time. Also, there's no venue available during the time.

몇 가지 이유가 있습니다. 솔직히 말해서, 타이밍이 가장 큰 원인입니다. 몇 분이 이 기간 동안 휴가를 계획하고 있다고 했습니다. 또, 이 기간 동안 이용할 수 있는 장소가 없습니다.

*PTO: paid time off. 유급 휴가

I'm going to miss seeing you all in person but will make up for it through our short virtual team activity, which you'll see on your calendar soon.

여러분 모두를 직접 뵙지 못해 아쉽지만 짧은 온라인 팀 활동으로 대신하도록 하겠습니다. 이에 대한 스케줄은 곧 캘린더에 띄워 드리겠습니다.

Best,

Michelle

02

행사·회의 참석 여부 확인하기

    연말이면 전 직원이 모여 파티를 하는 IT 회사에 다닌 적이 있다. 수백 명이 참여하는 행사이기 때문에 날짜를 정하고 공지하는 것이 가장 중요한 일이다. 일정이 확정되면 장소 선정과 예약 확정을 위해 참석 여부를 확인하고 독려하는 것이 필요하다. 이렇게 회사의 중요한 행사나 회의 참석 여부를 확인하기 위해서는 강요하지 않으면서도 참석 여부 회신을 유도하는 세련된 커뮤니케이션 전략이 필요하다. 이때는 아래 세 가지가 꼭 들어가야 한다.

❶ 행사·회의 내용 요약(Summary)

한 문장 정도로 어떤 행사나 용건인지 설명한다. 사람들이 회의나 약속을 기억할 수 있도록 하자.

❷ 이메일을 쓰는 이유(Reason)

이메일을 쓰는 맥락이나 이유를 설명하면 좋다. 식당 예약을 위해서 참석 인원수를 확인해야 한다거나, 프로그램 등록 마감 일자가 얼마 안 남았다 등 구체적인 이유를 쓰면 답변을 받기 쉬워진다.

❸ 행동 요청(Call to Action)

이메일 수신자가 어떤 행동을 하기를 원하는지 명확하게 밝힌다. 언제까지 메일에 답변을 달라, 혹은 보내는 양식에 언제까지 기입을 해 달라는 식으로, 행동을 구체적으로 언급할수록 좋다.

---

❶ Summary 요약

- **We are going to present the 1H success case during our global team meeting.** 글로벌 팀 미팅에서 상반기 성공 사례를 발표할 예정입니다.
- **This is a gentle reminder about our sales meeting on new product promotion.** 신제품 프로모션에 대한 영업 회의에 대해 다시 알려 드립니다.

❷ Reason 이유

- **We need to confirm the number of people going to the restaurant by this Friday.**
  이번 주 금요일까지 식당에 참석자 수를 확인해 주어야 합니다.
- **We need to finalize the APAC contents for the global team meeting.**
  글로벌 팀 미팅을 위한 아태 지역 콘텐츠를 최종적으로 확정해야 합니다.

❸ Call to Action 행동 요청

- **Please confirm your availability ASAP.**
  최대한 빨리 참석 여부를 확인 부탁드립니다.
- **Please respond by this Friday.** 이번 주 금요일까지 답변 바랍니다.

| 예시 1 |

Hi all,

Our new office opening is just around the corner! We can't wait to celebrate the big day with you!

우리의 새 사무실 오픈이 코앞으로 다가왔습니다! 여러분과 함께 이 중요한 날을 축하할 것이 기대됩니다!

Here's a glimpse at the day: 이날의 행사를 살짝 소개합니다.

Starting early in the morning, we have some fun activities lined up for everyone.

아침 일찍부터 모두를 위한 재미있는 활동이 준비되어 있습니다.

The ceremony will start at 10:00 a.m. in the OO meeting room, where there will be an exciting live performance. Lunch will be provided at the café afterward.

기념식은 오전 10시에 OO 회의실에서 시작되며, 신나는 라이브 공연이 펼쳐질 예정입니다. 이후 카페에서 점심 식사가 제공됩니다.

*The ceremony will also be livestreamed on OOO FYI.◆

*참고로 기념식은 OOO에서도 온라인으로 생중계됩니다.

Please confirm your attendance by replying to this email. I hope to see you all next Monday!

참석 여부를 이 이메일에 회신해서 알려 주세요. 다음 주 월요일에 모두 뵙게 되길 바랍니다!

Cheers,

Jacob on behalf of the facilities team 시설 팀을 대표하여 제이콥 드림

◆ 요새는 재택 근무를 하는 사람이 많기 때문에 온라인 스트리밍이 되는 경우 이렇게 표시해 주면 좋다.

Hi all,

We are excited to invite everyone to come to our in-person off-site (finally) YAY!

(드디어) 여러분을 대면 오프사이트에 초대하게 되어 기쁩니다!

We want this to be a fun session with people spending time together as a team getting to know one another better and spending this time for personal and team development.

팀원들이 함께 시간을 보내며 서로를 더 잘 알아 가고, 개인과 팀의 발전을 위해 시간을 보내는 즐거운 세션이 되길 바랍니다.

Please block this week to attend the sessions. We will be sending additional details, including final dates, soon.

세션에 참석하려면 이번 주에 시간을 빼 두세요. 조만간 최종 날짜를 포함한 더 자세한 내용을 보내드리겠습니다.

We are looking forward to spending this time together!

이 시간을 함께 보낼 수 있기를 기대합니다!

03

회의 내용을
이메일로
정리하고
공유하기

회사에서는 하루에 수십 건 이상의 회의가 진행 된다. 따라서 회의 후에는 적절하게 진행 상황을 공유하고 업데이트하는 것이 필요하다. 회의 내용을 정리하면서, 이후에 어떤 행동이나 조치를 취하도록 논 의가 되었는지도 정리해 주면 좋다. 회의에 참석한 사람과 불참한 사람 모두가 같은 선상에 있도록 회의 내용을 정리하고 환기시키는 효과가 있기 때문이다.

회의를 하면서 동시에 간략하게라도 내용을 정리해 두자. 회의가 끝나고 나 서 다시 정리하려면 시간이 걸리고, 내용이 누락되는 경우도 있기 때문이다.

회의 내용을 정리하는 이메일에는 제목부터 '[Meeting minutes(회의록)]'라 고 한눈에 나타내면 좋다. '[Meeting wrap-up]' 또는 '[Meeting recap]'이라고 쓰기도 한다. 구분을 위해 날짜와 회의 주제를 제목에 언급하는 것도 유용하다.

보통 회신할 때 메일 제목에 'Re:'라고 자동으로 표시되는 경우가 많은 데 회의 내용을 정리할 때에도 제목에 'Re:'를 쓰기도 한다(이때의 'Re:'는 'Regarding(~에 대해)'의 약어로 논의한 주제에 대해 다시 정리한다는 의미이다).

실전 비즈니스 영어 이메일

- **Re: branding discussion** 브랜딩 논의에 대해

- **RE: consumer campaign suggestions** 소비자 캠페인 제안과 관련해서

- **[Meeting minutes] on Oct. 17, 2022** [회의록] 2022년 10월 17일

- **[Meeting minutes] on XFN goal discussions (July 14)**
  [회의록] 팀 협력 목표 논의 (7월 14일) *XFN: cross-functional. 여러 팀이 함께 협력한다는 의미

- **[Meeting wrap-up] Product launching plan (March 1)**
  [회의 요약] 제품 출시 계획 (3월 1일)

- **[Meeting recap] Weekly sales meeting - Nov. 4**
  [회의 요약] 주간 영업 회의 – 11월 4일

이런 이메일을 쓸 때에는 다음 양식에 따라 쓴다.

❶ Subject: 회의 주제

❷ Participants: 참석자(부서명 포함)

❸ Appreciation: 회의 참석에 대한 감사 인사

❹ Discussions: 논의한 내용
   - 1st item 첫 번째 항목
   - 2nd item 두 번째 항목
   - 3rd item 세 번째 항목

❺ Action plans: 실행하기로 한 내용(실행 완료 날짜를 병기하는 것도 좋다.)
   - 1st plan 첫 번째 계획
   - 2nd plan 두 번째 계획

❻ Thank you and closing: 감사 인사와 마무리

회의 내용을 정리해서 공유할 때는 행동 계획(action plan: 하기로 한 행동)을 정리해 주면 좋다. 부서나 인원별로 나눠서 하기로 한 과제가 있다면 표시해 준다. 논의한 내용을 정리할 때는 긴 문장으로 쓰는 것보다는 글머리 기호를 이용해서 회의에서 거론된 아이템을 한눈에 보기 쉽게 정리하는 것도 도움이 된다. 다음은 행동 계획을 정리할 때 흔히 쓰는 표현이다.

- **Action Item: Prepare a quarterly financial report for the board meeting.** 실행 항목: 이사회를 위한 분기별 재무 보고서를 준비할 것

- **To-Do: Review and finalize the marketing campaign budget.** 할 일: 마케팅 캠페인 예산을 검토하고 확정해야 함

- **Next Steps: The marketing team will create a content calendar for the upcoming month.**
  다음 단계: 마케팅 팀에서 다음 달 콘텐츠 캘린더 제작

- **Assigned Task: John will organize the team-building event next month.**
  할당된 작업: 존이 다음 달 팀 빌딩 이벤트를 조직하는 임무를 맡음

- **Follow-Up: We will follow up on the customer complaints within one week.**
  후속 조치: 1주일 이내에 고객 불만 사항에 대한 후속 조치를 취할 것

- **Action Plan: The action plan involves launching the new product by the end of the 3Q.**
  행동 계획: 행동 계획에는 3사분기 말까지 신제품을 출시하는 것이 포함됨

- **Resolution: To resolve the bug, the development team will release a patch within two days.**
  해결 방법: 버그를 해결하기 위해 개발팀에서 2일 이내에 패치를 릴리스할 것

실전 비즈니스 영어 이메일

이메일 수신자 명단을 확인하자. 회의에 참여한 사람 외에도 이 사항을 숙지하거나 참고로 알고 있으면 좋을 사람을 정리해서 수신자 명단에 추가한다. 여기서 가장 중요한 사람은 '받는 사람(TO)'에 넣고, 참고할 사람들은 '참조(CC)'에 넣고, 꼭 필요하지는 않지만 알아 두면 좋을 사람들은 '숨은 참조(BCC)'에 추가한다.

이메일 마무리에는 다음과 같은 요청 내용을 정리해서 덧붙이는 것도 좋다. 다음 회의 날짜가 정해졌다면 날짜를 언급하면서 이메일을 마무리하자. 이후에 진행 사항은 별도로 업데이트하겠다는 표현도 함께 알아 두자.

- **The next meeting is scheduled for [date and time].**
  다음 회의는 [날짜 및 시간]으로 예정되어 있습니다.

- **I will keep you posted.** 진행 사항을 업데이트할게요.

- **Please keep me posted.** 진행 사항 알려 주세요.

- **Please keep me in the loop.** 커뮤니케이션할 때 저에게도 알려 주세요.

- **I'll have Larry send the updated calendar.**
  래리가 업데이트 된 일정을 보내도록 요청하겠습니다.

마지막으로 회의에 참여한 사람들의 시간과 노력에 감사를 표하며 끝내자.

- **Thank you all for attending the meeting this afternoon.**
  오늘 오후 회의에 참석해 주신 모든 분들께 감사드립니다.

- **Thanks, everyone, for attending the meeting.**
  회의에 참석해 주신 모든 분께 감사드립니다.

[Meeting Minutes] on Oct. 4, 2023 [회의록] 2023년 10월 4일

Hi team,

Thank you for attending today's meeting. We were happy to listen to all of you. Our discussion was as below: → 회의 내용을 간략하게 정리

오늘 회의에 참석해 주셔서 감사합니다. 여러분 모두의 의견을 들을 수 있어서 기뻤습니다. 논의한 내용은 다음과 같습니다:

- Employee healthcare scheme review
- Vendor selection criteria
- When the best time to execute new employee benefits is

- 직원 건강 관리 제도 검토
- 공급업체 선정 기준
- 새로운 직원 복리 후생을 실행하기 가장 좋은 시기는 언제인지

For that, these are action items by department.

이를 위한 부서별 실행 항목입니다.

- Finance: check budget limitations → 해야 할 행동과 담당 부서 또는 책임자 명시
- HR: list vendor candidates
- Operations: check global criteria

- 재무팀: 예산 한도 확인
- 인사팀: 공급업체 후보 목록 작성
- 운영팀: 글로벌 기준 확인

Thank you for your cooperation. 협조해 주셔서 감사합니다.

Best,

Danielle

| 예시 2 |

Meeting Recap - Jan. 9, 2023 회의 내용 요약 – 2023년 1월 9일

Hi all,

Thanks for attending the meeting today. We discussed the content strategy for our spring marketing campaign, and I'm pleased to say that we made significant progress. Here's what we achieved:

오늘 회의에 참석해 주셔서 감사합니다. 봄 마케팅 캠페인의 콘텐츠 전략에 대해 논의했는데, 상당한 진전이 있었다고 말씀드리게 되어 기쁩니다. 합의된 사항은 다음과 같습니다:

· The editorial and social media schedule is complete.
· We'll focus on flower-related topics for our content marketing strategy.
· Our winter campaign taught us to use social media to reach out to younger people.

· 에디토리얼 및 소셜 미디어 일정이 완성되었습니다.
· 콘텐츠 마케팅 전략은 꽃과 관련된 주제에 집중할 것입니다.
· 겨울 캠페인을 통해 젊은 층에게 다가가기 위해 소셜 미디어를 활용하는 방법을 배웠습니다.

We assigned the following tasks and deadlines:

다음과 같은 과제와 마감일을 지정했습니다:

· Jordan to write three blog posts and supporting social media posts by Jan. 20.
· Kim to edit the posts by Feb. 1.
· Riley to publish the posts by March 1.

· 조던은 1월 20일까지 블로그 게시물 3건과 이를 지원할 소셜 미디어 게시물을 작성합니다.
· 킴은 2월 1일까지 게시물을 편집합니다.
· 라일리는 3월 1일까지 게시물을 게시합니다.

Our next meeting will be on Feb. 2, and we'll go through updates on the tasks that have been assigned to us. Please let me know if you have any further queries.

다음 회의는 2월 2일에 열리며, 우리에게 할당된 작업에 대한 진행 상황을 검토할 것입니다. 추가 질문이 있으시면 알려 주세요.

Thank you,

Dan B.

04

첨부 파일
보낼 때의
요령

Please find the attached.

이메일을 쓸 때 용량이 큰 보고서나 사진 등 자료 파일은 첨부해서 전달한다. 이때 메일 본문에 파일에 대한 간단한 설명과 함께 첨부 파일을 확인하라는 내용을 써 주면 좋다. 메일만 확인하고 첨부 파일을 못 보는 경우가 발생할 수 있기 때문이다.

파일 첨부는 간단하지만 몇 가지 주의해야 할 점이 있다.

❶ 용량이 너무 큰 파일을 보내지 말 것

전자 메일 서버는 각 서비스별로 전송 가능한 용량이 다르다. 용량이 큰 파일을 첨부했을 때는 자동으로 링크가 공유되기도 하지만, 간혹 메일 자체가 아예 전송이 되지 않을 수 있다. 최대 전송 가능한 용량을 확인하고, 그보다 작은 크기로 파일을 줄여서 보내자.

❷ 파일 형식에 주의할 것

외국계 회사에서는 한글(hwp) 파일이 안 열리는 경우가 있다. 파워포인트나 워드 파일도 컴퓨터 기종에 따라 안 열릴 수 있다. PDF 파일은 모바일에서도 호환이 잘 되므로 PDF로 변환해서 보내는 것이 좋다.

❸ 첨부 대신 파일이 저장되어 있는 링크를 보내는 방법

클릭하면 바로 열리는 링크를 보내는 방법도 있다. 구글 문서도구Google Docs 나 위트랜스퍼We Transfer 같은 대용량 전송 서비스를 사용하자.

❹ 첨부 파일의 개수를 언급할 것

여러 개의 파일을 보내는 경우에는 전체 파일을 다 못 확인하는 경우도 왕왕 발생한다. 이메일에 반드시 첨부한 파일의 개수를 언급하는 것이 좋다. 첨부 파일이 여러 개일 경우는 압축해서 하나의 파일로 첨부하는 것도 방법이다.

- **I have attached 4 samples for your reference.**
  4개의 샘플을 참고로 첨부합니다.

- **Please see the attached.** 첨부 파일을 확인해 주세요.

- **Please find the attached for your reference.**
  첨부 파일을 참고로 봐 주세요.

- **Please find attached to this email a copy of my CV (curriculum vitae).** 본 이메일에 첨부한 제 이력서를 확인해 주시기 바랍니다.

- **Find attached to this mail a copy of the sales report for the year 2022 Q4.**
  2022년 마지막 분기 세일즈 보고서를 첨부했으니 확인 부탁드립니다.

실전 비즈니스 영어 이메일

| 예시 1 |

Hi everyone,

Here is today's international daily update report attached.
오늘자 글로벌 일일 업데이트 리포트를 첨부합니다.

| 예시 2 |

Hi all -

I'm sharing a coverage report from today's safety announcement. Please let me know if you have any questions.
오늘 있었던 안전 공지에 대한 보도 보고서를 공유합니다. 질문이 있을 경우 문의 주세요.

Best,
Hugh

마지막으로, 이메일에는 "첨부 파일을 확인해 주세요"라고 썼지만, 파일이 누락되는 경우가 있다. 이럴 경우 이메일을 다시 보내야 함은 물론이고, 일에 서투르거나 미숙하다는 느낌을 줄 수 있다. 보내기 버튼을 누르기 전에 첨부 파일이 실제로 첨부되어 있는지를 반드시 확인하자.

05

업무
보고하기

회사에서는 보고할 일이 많다. 매출, 프로젝트, 출장, 이벤트, 이슈 보고 등 모든 것이 보고의 형식으로 표현될 수 있다. 보고를 해야 하는 대상 역시 직속 상사에서, 동료들, 다른 부서 사람들 등 다양하다.

회사마다 다르겠지만 업무 보고에 딱히 정해진 양식이 있는 것은 아니다. 보고를 받는 사람이 원하는 대로 형식을 정하면 좋다. 예를 들어 예전 회사의 APAC(아태 지역) 마케팅 디렉터의 경우는 주간 업무를 메일로 보고받기 원했다. 나는 월요일마다 그 주의 중요한 안건이나 일정을 달력 형식으로 정리해서 이메일로 공유했다. 회사에서 중점적으로 추진하는 프로젝트의 경우는 별도로 대면 보고를 하면서도 일의 진행 사항을 간단한 메일로 업데이트했다.

이메일 보고를 잘하기 위해서는 다음의 내용을 참고하면 도움이 된다.

❶ 목적을 분명히

어떤 사람이 무엇 때문에 읽는 보고서인지 확인하자. 상사가 요구한 보고서라면 상사가 원하는 바가 어떤 것인지, 또 내가 알리고 강조하고 싶은 것이 어떤 것인지 목적을 확실히 정하자.

❷ 충분한 사전 조사

관련 자료나, 매출 데이터, 참조할 웹사이트 등 관련된 정보를 찾아 공부하자. 데이터 등 객관적으로 보여 줄 수 있는 자료를 수집하자.

❸ 읽기 쉽게 작성

메일이 한눈에 들어올 수 있도록 보기 쉽게 구성하자. 글머리 기호 등을 이용해서 일목요연한 보고서를 작성하자. 보고서의 특성에 따라서 형식은 유연해질 수 있다. 시각적 이미지는 숫자보다 일반적으로 이해하기 쉽다. 필요한 경우 인포그래픽, 표, 차트 등을 활용해서 내용을 명확하게 정리하는 것도 좋다. 다만 그래픽을 과도하게 사용하면 시야가 분산되어서 오히려 내용 전달이 어려워질 수 있으니 적절하게 사용하자.

❹ 간결하게

짧고 명확하게 쓰자. 핵심 내용이 잘 들어가 있는지 확인하자. 보편적으로 사용되지 않는 전문 용어나 나만 이해할 수 있는 약어 사용을 피하자. 너무 캐주얼한 단어를 사용하는 것도 주의해야 한다.

❺ 참고할 수 있는 자료나 링크 삽입

상대방이 더 자세한 내용을 알고 싶어 하는 경우가 발생할 수 있다. 두 번 요청하지 않도록 참고할 수 있는 사이트의 링크를 넣거나 리포트 전문을 첨부하는 것도 좋다.

보고하는 이메일의 구성

보고하는 이메일에는 보통 다음 내용이 포함된다. 메일 내용이 길어질 경우에는 핵심 요약Executive Summary/TL;DR 내용을 이메일 서두에 적는다. 서두 내용만 보고도 전체 보고의 내용을 짐작할 수 있기에 선호되는 방식이다.

❶ 배경: Context/Background

❷ 프로젝트 개요: Project Overview

❸ 과정: Process

❹ 리서치나 프로젝트를 진행한 기간: Time/Period

❺ 새롭게 알게 된 것들: Findings/Learnings

❻ 결론과 제언: Conclusions and Recommendations

제목은 간결하게 하는 것이 원칙이지만 가장 중요한 정보는 빠짐없이 포함해야 한다. 본문에서는 꼭 필요한 핵심 내용만 쓰자. 글머리 기호나 번호 사용은 긴 내용을 한눈에 들어오게 정리할 때 유용하다. 마지막으로 감사를 전하고 마무리한다.

당신이 쓸 보고 메일의 종류를 고려해서 수신자와 가장 어울릴 만한 스타일과 어조를 선택하자.

| 예시 1 |

Employee Benefits Satisfaction Report 직원 복리 후생 만족도 보고

Hi Jimmy,

At the June board meeting, Han from Finance requested to conduct a survey of employees on their satisfaction with our employee benefits. I completed the project last week and have included my findings for your review in the attached report.

6월 이사회에서 재무팀의 한 이사님이 직원 복리 후생에 대한 직원들의 만족도를 조사해 달라고 요청하셨습니다. 지난주에 이 프로젝트를 완료했으며, 검토하실 수 있도록 첨부된 보고서에 조사 결과를 포함했습니다.

I will be happy to answer any questions you have. I also plan to present my report at Friday's HR meeting.

질문이 있으시면 기꺼이 답변해 드리겠습니다. 금요일 인사 회의에서도 보고서를 발표할 계획입니다.

Thank you,

Danielle

Attachment: Employee Benefits Satisfaction Report

첨부 파일: 직원 복리 후생 만족도 보고서

| 예시 2 |

OOO media coverage report OOO 미디어 보도 리포트

Hi Carlson,

The task you assigned to me (media monitoring report on the OOO project) has been completed.

저에게 지시하신 작업(OOO 프로젝트에 대한 미디어 모니터링 보고서)이 완료되었습니다.

TL;DR: OOO coverage has been high in volume with a total of OO Instagram Stories posted. 100% of media coverage included both key messages as seen in the chart below.

요약: 총 OO개의 인스타그램 스토리가 게시되는 등 OOO에 대한 보도량이 높았습니다. 아래 차트에서 볼 수 있듯이 100%의 미디어 보도에서 두 가지 핵심 메시지가 모두 포함되었습니다.

Please let me know if you have any questions.

질문이 있으시면 알려 주세요.

Thanks,
Danielle

| 예시 3 |

FYI – 2023 earnings call report was released

참고 – 2023년 실적 발표 보고서 발간

Dear all,

I'm sharing the following information with you.

다음 정보를 공유하고자 합니다.

This information shows that our sales strategy worked.

이 정보는 우리의 영업 전략이 효과적이었음을 보여 줍니다.

After you have reviewed this information, please let me know if you have any questions or would like further information by Friday; otherwise, no response is needed.

이 정보를 검토하신 후 질문이 있으시거나 추가 정보가 필요하시면 금요일까지 알려 주시고, 그렇지 않은 경우 회신 주시지 않아도 괜찮습니다.

Thanks,
Danielle

실전 비즈니스 영어 이메일

정기적으로 내용을 보고할 때

회사에서는 다양한 내용을 정기적으로 확인하고 공유한다. 홍보 업무의 경우 회사의 소식과 업계의 소식을 내부 관계자들에게 공유하는 문지기gatekeeper의 역할이기 때문에 회사나 제품 관련 뉴스를 모니터링해 공유한다. 회사에서 진행한 행사가 얼마나 미디어에 보도되었고 어떤 성과를 얻었는지를 알리기도 한다. 영업 업무 같은 경우는 기간별 영업 성과와 결과 등을 공유하는 메일이 수시로 오간다. 정기적으로 보고해야 할 주제라면 일정한 양식을 정해 두고 활용하는 것이 좋다.

- **Please find today's update below.**
  오늘의 업데이트는 아래에서 확인하시기 바랍니다.

- **Please find below the daily report.** 아래에서 일일 보고서를 확인하세요.

- **Weekly update** 주간 업데이트

- **Topline news** 탑라인 뉴스(주요 기사)

- **Look ahead: week of March 13** 다음 주 내용 미리 알림: 3월 13일 주

| 예시 1 |

Hi all,

Please find today's update below. There are no updates from our region.

오늘의 업데이트를 아래에서 확인하세요. 우리 지역에서는 새로운 업데이트가 없습니다.

Thanks.

| 예시 2 |

Hi everyone,

Please see below for today's media wrap-up.

오늘의 미디어 보고를 아래에서 확인하시기 바랍니다.

Thanks,

Rose

미디어 모니터링의 경우는 다음과 같이 내용별로 항목을 나누어서 정리하면, 읽는 사람의 편의를 높여 줄 수 있다.

- **Topline social media chatter:** 소셜 미디어에서 화제가 되고 있는 내용

- **What's happening on [company name]:** [회사명]에 대한 뉴스

- **Topline stories:** 우리 회사에 대해 보도된 내용 중 주목할 만한 내용

- **Competitors in news:** 경쟁사 뉴스

- **Summary** 요약

- **Top stories** 주요 기사

- **Highlights** 하이라이트

- **Flags** 주의 → 오보 등

INTERVIEW

차국환

전 LG전자 부사장(중동, 중국 등 해외 법인장 근무)

Q 자기소개 부탁드립니다.

한국 대기업에서 36년을 근무했고 그중 20년을 해외 4개국에서 지사장, 법인장 및 중동 아프리카 지역 CEO로 근무했습니다. 현재는 기업의 경영자 및 임원을 대상으로 하는 전문 코치로 활동 중입니다.

Q 어느 문화권에서 주로 활동하셨나요?

주로 중동 지역에서 근무했습니다. 중동 지역에서는 영어가 일상 업무의 표준 언어입니다. 일반 대화, 이메일, 스피치, 강의를 영어로 진행했습니다. 가장 빈번하게 사용한 것은 이메일이었습니다. 하루 평균 10통 이상의 이메일을 작성했습니다.

Q 영어 이메일을 쓸 때 가장 중요한 것은 무엇이라고 생각하십니까?

진정성과 에티켓을 담아야 합니다. 짧은 글이라도 보내는 사람의 마음이 느껴져야 하고 이메일 에티켓을 지켜야 합니다. 상황에 맞는 올바른 단어를 선택하고 예의 바른 문장을 구사해야 합니다. 강조한다는 의미로 글자를 붉은 색으로 표시하거나 글씨 크기를 크게 하는 것은 삼가야 합니다. 이메일의 목적을 명료하게 나타내고, 수신자를 분명히 해야 합니다.

이메일 보내는 목적이 단순히 정보 공유인지 아니면 상대방의 행동을 요구하는 것인지 명시해야 하고, 행동을 요구할 경우 기한을 분명히 하고, 누가 행동을 취해야 할 것인지 명기해야 합니다. 상대의 행동을 요청하는 이메일을 전체 수신으로 보내면 누구도 행동을 취하지 않을 가능성이 높습니다. 메일 본문 서두에 수신자와 참고자를 명기해야 합니다.

Q 영어 이메일을 쓰실 때 특별히 신경 쓰시는 점이 있나요?

중요한 이벤트나 시점에 격식을 갖춘 정중한 메일을 보낼지 아니면 캐주얼하게 간단한 메일을 보낼지 잘 구분해야 합니다. 예를 들면, 제가 새 직책에 부임하거나 이임했을 때에는 격식을 갖춘 이메일 초안을 작성한 후 영어 원어민 또는 원어민 수준의 직원의 도움을 받아 완성한 후 발송했으며, 직원이 신규로 현지 조직에 부임하거나 좋은 성과를 보였을 때에는 캐주얼하지만 진심을 담은 따뜻한 응원, 격려, 감사의 이메일을 보냅니다. 이렇게 경우에 맞는 톤을 선택하는 것이 중요합니다.

Q 영어 이메일을 보낼 때 사람들이 흔히 하는 실수가 있을까요?

한국인들이 한국식 표현을 사용해서 상대를 기분 나쁘게 만들어 일을 그르치는 경우를 종종 봤습니다. 예를 들면 "Your immediate action is urgently needed; otherwise, we will be in trouble. Thank you in advance.(귀하의 즉각적인 조치가 시급히 필요하며, 그렇지 않을 경우 저희가 곤란해집니다. 미리 감사드립니다.)" 이런 식으로 상대를 압박하는 영문 이메일을 쓰는 경우가 생각보다 자주 목격됩니다. 실제 당사자는 상대를 그 정도로 압박할 의도는 없었다고 하지만 결과적으로 일을 그르치게 되는 것입니다.

Q 영어 이메일을 작성하는 나만의 노하우를 공개해 주신다면?

중요한 이메일을 작성할 때는 사전을 이용해서 가장 적합한 단어를 고르고, 또한 그 동안 모아 놓은 좋은 문장의 사례를 상황 및 목적별로 참조하곤 합니다. 축하, 감사, 응원하는 캐주얼한 이메일은 타이밍이 중요하므로 평소에 상황에 맞는 좋은 표현의 예문을 많이 알아 둡니다. 영어를 잘하는 직원들과의 커뮤니케이션을 참조하며 평소에 매일 영자 신문과 영어 서적을 읽습니다.

Chapter
06

필요한 것을
요청하는
이메일

BUSINESS ENGLISH EMAIL ●

01

요청하는
이메일 작성의
기본기

우리가 작성하는 비즈니스 이메일의 8할은 무언가를 요청하는 내용일 것이다. 나는 하루에도 여러 차례 요청 이메일을 보낸다. 요청 이메일은 어떻게 쓰는 게 좋을까? 우선 요청하는 이메일이 갖추어야 할 기본적인 글의 짜임새부터 알아보자.

① 인사: Greetings

② 자기소개: Self-introduction → 이미 아는 사람인 경우 생략

③ 요청 메일을 쓰는 이유: Reason to ask

④ 필요한 행동: Action required

⑤ 마감 기한: Deadline

⑥ 도움이 필요한 경우 돕겠다는 선의 표현: Offer to support

⑦ 마무리: Closing

실전 비즈니스 영어 이메일

이 구조에 따라 요청하는 이메일을 쓰면 대개의 경우 실패하지 않는다. 이 구조를 머릿속에 넣고, 그밖의 세부적인 요소도 살펴보자.

❶ 제목에 행동을 촉구하는 단어를 쓸 것

이메일로 행동을 일으키기 위해서는 이메일의 제목부터 '행동action'을 드러 내는 것이 효과적이다.

> • **Action required:** 필요한 행동: → '~해 주세요'라는 의미
> • **Request:** 요청:
> • **Update:** 업데이트: → 기존 메일에 추가된 내용이 있는 경우

❷ 명령조로 쓰지 말 것

최근에 명동에 갈 일이 있었다. 길을 걷다 갑자기 신발이 찢어지는 바람에 ○○○ 마트에 들렀다. 손님들이 대부분 외국인이었는데, 손님을 대하는 점원 들의 영어가 무례하게 들렸다.

"No, you cannot change.(교환 안 됩니다.)"

"Wait here.(여기서 기다려요.)"

"No fitting.(입어 볼 수 없어요.)"

한국인인 나도 그분들의 어조와 억양 때문에 깜짝 놀랐는데, 외국인들은 더 불쾌했을 것이다. 내가 소비자라면 다시는 그 가게에 가고 싶지 않을 것 같다.

무례한 이메일을 받으면 다시는 그 사람에게 이메일을 쓰고 싶지 않아질 수 있다. 아주 격의 없고 편한 상대에게 보내는 메일이 아니라면 답장이나 행동

이 당연한 것처럼 말하는 것은 좋지 않다. 도움이 필요할 때는 형식을 갖춰 공손한 표현을 쓰는 것이 좋다. 이때 가정법 과거 시제로 쓰면 좀 더 정중한 느낌을 줄 수 있다. 최대한 정중하게 요청할 때 쓸 만한 유용한 표현들을 알아 두자. 나는 명령하는 사람이 아니라 부탁하는 사람이라는 것을 잊지 말자. 장화 신은 고양이의 반짝이는 눈빛을 생각하자. "제발요~"가 필요한 순간이다.

- **Could you...?** …해 주실 수 있을까요?

- **Can you please...?** …해 주시겠어요?

- **It would be great if you could...** …해 주실 수 있으면 정말 좋겠습니다.

- **I would be grateful if you would...** …해 주신다면 감사하겠습니다.

- **I'd appreciate it if you could...** …해 주실 수 있다면 정말 고마울 것 같습니다.

- **I would like/love to...** 저는 …하고 싶습니다.

- **I hope...** …했으면 좋겠네요.

- **I'd like to schedule a meeting for next week to discuss your team's software development projects.**
  당신 팀의 소프트웨어 개발 프로젝트와 관련해서 다음 주에 회의를 잡고 싶습니다.

- **I'd love to set up a demo of what we can offer. Let me know if you're available later this week.**
  저희 제품에 대한 시연(데모)을 하려고 합니다. 혹시 이번 주 후반부에 시간이 되실지 알려 주시기 바랍니다.

- **Please find my résumé attached to this email in the hope that...** …하시기를 바라면서 이메일에 이력서를 첨부합니다.

- **I have attached my proposal in the hope that you will consider us for this project.**
  제안서를 첨부하니 본 프로젝트에 저희를 고려해 주시면 감사하겠습니다.

❸ 두괄식을 기억할 것

요청하는 이메일은 짧고 간단하게 쓰는 것이 좋다. 요청의 이유를 한 문장 정도로 간략하게 쓰자. 용건을 먼저 제시하고 배경을 뒤에 쓰자. 가끔 한국어로 쓴 메일을 받다 보면, 배경 설명을 길게 한 이후에 요구 사항을 말하는 경우가 많다. 이 방식이 좀 더 예의 바르다고 생각하기 때문이다. 하지만 영어 이메일에서는 핵심 내용을 먼저 쓰고, 그 다음에 이 제안이나 요청이 왜 나오게 되었는지에 대해서 설명하는 게 좋다. 잊지 말자. 영어 이메일은 두괄식이다.

- **I am writing to request some information from your company.** 귀사에 대한 몇 가지 정보를 요청드리기 위해 메일을 드립니다.

- **I am contacting you to invite you to my networking event.** 제 네트워킹 이벤트에 초대하기 위해 연락드립니다.

- **I am writing to you in relation to...** ⋯와 관련해서 메일 드립니다.

- **I am extending a hand for collaboration.** 협업을 제안드립니다.

❹ 행동을 하기 위해 필요한 정보를 함께 제공할 것

예를 들어, 성과 보고서를 요청하는 경우라면 성과 보고서에 어떤 내용이 들어가야 하는지에 대한 정보를 미리 알려 주는 것도 좋다.

- **Performance reports should include revenue and budgeted figures by region.**

  성과 보고서에는 지역별 매출과 예산 투입 수치가 들어가야 합니다.

- **Quarterly sales summaries should incorporate customer satisfaction ratings for each product category.**

  분기별 판매 요약에는 각 제품 카테고리에 대한 고객 만족도 평가가 포함되어야 합니다.

❺ 과장은 금물

상대의 즉각적인 반응을 유도하겠다고 너무 과장해서 상대방에게 압력을 가하는 것은 좋지 않다.

✕ **This is so urgent for me.** 저한테 정말 긴급한 건입니다.

✕ **This means so much to me.** 이 자료는 저에게 정말 큰 의미가 있습니다.

✕ **This is the most important project in my life.**

제 인생에서 가장 중요한 프로젝트입니다.

❻ 긴급한 사안일 때는 표현할 것

긴급한 사안이라면 마감 기한을 꼭 언급하도록 하자. 데드라인을 언급하지 않으면 상대방은 느긋하게 일을 처리할 수도 있다. 시간적인 긴급함을 강조하는 다음 표현들을 참고할 만하다.

- **This is time sensitive.**

  시간이 촉박합니다. → 시간이 별로 없다는 것을 강조하는 표현

- **Please let me know at your earliest convenience.**

  최대한 빨리 알려 주시기 바랍니다.

- **Please let me know by this Thursday at the latest.**

  늦어도 이번 주 목요일까지는 알려 주시길 부탁드립니다.

❼ 도움을 주겠다는 의사를 밝힐 것

요청하는 메일을 쓸 때의 중요한 팁! 도와줘서 고맙다는 인사는 물론이고, 혹시라도 마감 기한을 맞추는 데 도움이 필요하다면 언제든지 돕겠다는 선의를 전달하자. 나는 명령이 아니라 도움을 청하고 있다는 뜻을 나타내는 데 효과적인 문장을 몇 개 소개한다.

- **If you need any further information/help/details, please let me know.** 추가 정보/도움/세부 사항이 필요하시면 저에게 알려 주세요.

- **If you need any further information/help/details, please contact me.** 추가 정보/도움/세부 사항이 필요하시면 저에게 연락 주세요.

- **If you need any further help, please contact John directly.**

  추가적인 도움이 필요하시면 존에게 직접 연락해 주세요.

- **I am willing to give you any information/help if needed.**

  필요한 정보/도움이 있다면 기꺼이 제공해 드리겠습니다.

- **Feel free to contact me if you need any help.**

  도움이 필요하시면 저에게 편하게 연락 주세요.

✉   — ⤢ ✕

Dear Susan,

I hope this message finds you well. I was referred to you by Mr. Han, our department director that you met last month in CES. I am writing to propose a potential partnership opportunity between our respective companies. Our organizations share similar values, and I believe we can work toward achieving mutual benefits.

이 메시지가 잘 전달되길 바랍니다. 지난달 CES에서 만나셨던 저희 부서장님으로부터 당신을 소개받았습니다. 저는 양사간의 잠재적인 파트너십 기회를 제안하기 위해 이 글을 씁니다. 양사는 비슷한 가치를 공유하고 있으며 상호 이익을 달성하기 위해 노력할 수 있다고 생각합니다.

After conducting some research, I strongly believe that our products and services complement each other and can help us expand our customer bases. I propose that we join forces to create a strategic and collaborative plan to increase our market shares and revenues.

몇 가지 조사를 해본 결과, 양사의 제품과 서비스가 서로를 보완하고 고객 기반을 확장하는 데 도움이 될 수 있다고 확신합니다. 저는 우리가 힘을 합쳐 시장 점유율과 수익을 높이기 위한 전략적이고 협력적인 계획을 수립할 것을 제안합니다.

I would love the opportunity to discuss this proposal further with you. Do you have time next week for a call, or should we schedule a meeting to delve deeper into the proposal?

이 제안에 대해 더 자세히 논의할 수 있는 기회가 있으면 좋겠습니다. 다음 주에 통화할 시간이 있으신가요. 아니면 제안에 대해 더 자세히 알아보기 위해 미팅 일정을 잡을까요?

I look forward to hearing from you soon and hope we can explore this opportunity further.

연락 주시기를 기다리며 이 기회를 더 자세히 살펴볼 수 있기를 바랍니다.

Best regards,
Josh

02

사내
동료에게
업무
요청하기

회사에서 동료들과 어떻게 커뮤니케이션을 하는가? 나의 경우 50% 정도는 회사 메신저 워크 챗Work Chat으로, 40% 정도는 이메일로, 10% 정도는 카카오톡KakaoTalk이나 왓츠앱WhatsApp으로 한다. 간단한 부탁이나 요청은 챗으로 남기고, 업무적으로 중요하고 잊으면 안 되는 내용은 이메일로 보낸다. 요즘은 워낙 다양한 채널로 커뮤니케이션을 하기 때문에 아주 긴급한 경우를 빼고는 전화는 하지 않는다.

지금부터 회사 내 업무 요청 이메일을 어떻게 쓰면 좋을지 알아보자.

❶ 핵심이 한눈에 들어오는 제목으로!

그렇다. 성공적인 시작은 항상 제목에 달려 있다. 나만큼 다른 사람들도 분주한 삶을 살고 있다. 따라서 내가 원하는 요구 사항을 제목에서부터 바로 드러나게 쓰도록 하자.

공지처럼 눈에 확 들어오게 직접적으로 쓰는 것이 좋다. "Monthly media monitoring report – by EOD(월간 미디어 모니터링 보고서 – 오늘까지)"와 같이 요청하는 내용과 기한이 한눈에 들어오게 써 보자. 나의 시간도 절약하고 읽는 사람의 시간도 줄일 수 있다.

- **KPI tracking - by 7:00 p.m. today** KPI 트래킹 – 오늘 오후 7시까지
- **Media coverage report by EOD** 오늘 중으로 미디어 보도 리포트 요청

❷ 배경을 설명하자

사람들은 맥락 없는 이메일을 가장 싫어한다. 일방적인 지시로 여겨지기 때문이다. 회사도 사람이 모인 조직인데 상대의 기분을 상하게 해서 득이 될 게 없다. 무엇보다 이런 메일은 업무 효율성도 떨어진다. 이메일을 쓰게 된 배경을 알아야 메일 수신자도 세심하게 요청에 대한 대응과 처리를 할 수 있다. 그러므로 간단하게라도 요청의 이유 및 배경을 알리자.

- **I am writing to you because...** 제가 메일을 드리는 이유는…
- **Since the Korea country director brought it up at this week's all-hands meeting, I'd like to check with you.**
  한국 지사장이 이번 주 전체 회의에서 이 문제를 제기했기 때문에 확인하고자 합니다.

  *all-hands meeting: 전체 회의

❸ 핵심 내용은 앞부분에, 요청하는 행동은 구체적으로

바쁘디 바쁜 현대 비즈니스 환경에서 상대방의 시간을 뺏지 않는 두괄식 이메일의 작성은 이제 기본 매너라고 할 수 있다. 핵심 내용은 바로 앞부분에 쓰

자. 그리고 메일 수신자에게 요청하는 사항, 기대하는 행동은 간결하면서도 구체적으로 쓰자. 그래야 상대가 나의 요구를 제대로 이해하고 원하는 결과를 내줄 수 있다.

- **Can you please check with the agency when we can get the media coverage report?**
  언론 보도 자료를 언제 받을 수 있는지 대행사에 확인해 주시겠어요?

- **Can you ask Jane if she could send the interview questions before the end of the week?**
  제인에게 이번 주 중으로 인터뷰 질문을 보내 줄 수 있는지 물어봐 줄래요?

- **I'd love to have a quick chat to find out the expected outcomes.** 예상 결과를 알아보기 위해 간단히 얘기 좀 나누면 좋겠어요.

- **Please check the key messages with Sara from the marketing team tomorrow.** 내일 마케팅팀의 사라와 주요 메시지를 확인해 주세요.

❹ 열린 소통의 의사 표현하기

요청받은 업무와 관련해 나와 소통할 여지가 충분하다는 것을 표현해 주자. 예를 들자면, "더 문의하고 싶으신 내용이 있다면 언제든지 연락 주세요."와 같은 말을 마지막에 써 주는 게 좋다. 또한 사안이 복잡하고 중대하면 상대방의 의견을 물어보자. 상대방이 요청 업무를 제대로 이해했는지 확인할 수 있고, 덤으로 더 효율적인 방법을 찾아낼 수도 있다.

- **What are your priorities in this project? Let me know what you think.**

  이 프로젝트에서 당신의 우선순위는 무엇인가요? 어떻게 생각하시는지 알려 주세요.

- **Let me know if you have any questions.**

  궁금한 점이 있으면 말씀해 주세요.

- **What is the most important value for you?**

  가장 중요한 가치가 무엇이라고 생각하나요?

- **Please let me know if you'd be interested in getting some more information, and I'll send a couple of docs over.**

  더 자세한 정보를 원하시면 알려 주세요. 문서 두어 개를 보낼게요.

❺ 마지막으로, 여러 번 읽고 보낼 것!

오타나 오류 때문에 소통이 잘 안 되거나 자칫 업무상 큰 실수가 발생할 위험도 있다. 두 번, 세 번 검토하고 보내자.

| 예시 |

Consumer Research Project: Completion in 4 weeks

소비자 조사 프로젝트: 4주 후 완료

Hi Olive,

I am writing to discuss our consumer research project. I am sure you are already aware of the significance of our consumer research study. So I am trusting you with the task of leading it. For this project, we have a time limit of four weeks.

실전 비즈니스 영어 이메일

소비자 연구 프로젝트에 대해 의논하려고 메일 보내요. 소비자 조사 연구의 중요성에 대해서는 이미 잘 알고 있을 거라 생각해요. 그래서 저는 올리브에게 이 프로젝트를 맡기고자 합니다. 이 프로젝트의 경우 4주라는 시간 제한이 있습니다.

Here are a few things that we'd like you to consider:

다음은 고려해 주었으면 하는 몇 가지 사항입니다.

You will be responsible for selecting the appropriate research methodologies, tools, and techniques as well as conducting the research in the most cost-effective way.

당신은 적절한 연구 방법론, 도구 및 기술을 선택하고 가장 비용 효율적인 방법으로 연구를 수행할 책임이 있습니다.

- Please create a timeline and a budget for the project, and you need to make sure that we follow these guidelines.
- Communicate with stakeholders, gather feedback, and keep them updated about the progress of the project.
- Collaboration is key; work closely with your team members, assign them assignments, and track their progress.

- 프로젝트의 스케줄과 예산을 잡고 우리가 가이드라인을 준수하도록 해야 합니다.
- 이해 관계자들과 소통하고, 피드백을 수집하고, 프로젝트 진행 상황을 지속적으로 업데이트하세요.
- 팀원들과 긴밀히 협력하고, 과제를 할당하고, 진행 상황을 추적하는 등 협업이 핵심입니다.

Along with the abovementioned points, you need to come up with valuable insights and recommendations that management can use for future decision making.

위에서 언급한 사항과 함께 경영진이 향후 의사 결정에 사용할 수 있는 귀중한 인사이트와 권장 사항을 제시해야 합니다.

Please don't be afraid to contact me for assistance if you run into any problems.

문제가 발생하면 주저하지 마시고 저에게 도움을 요청해 주세요.

All the best,
Danielle

03

정보를
요청하는
기본 표현

　　　　　내가 쇼핑몰 회사의 영업 담당자라 상상해 보자.
영업은 매출 목표 대비 성과로 평가받는다. 연말을 맞아 내가 담당한 요가복
브랜드가 내년에 얼마 정도의 예산을 마케팅과 프로모션에 쓸지 알아보라는
지시가 내려왔다. 최근에 요가복 브랜드에 대한 어떤 기사가 올라왔는지 인터
넷으로 찾아보고, 지인을 통해 최근 매출이나 회사의 전망은 어떤지 물어보기
도 하면서 회사의 동향을 살핀다. 하지만 이때 가장 효과적인 방법은 바로 내
가 담당하는 브랜드의 담당자에게 직접 필요한 정보를 요청하는 것이다.

　　이렇게 정보를 요청하는 이메일 형식은 다음과 같다. 한 가지 팁이 있다면,
상대방이 쉽게 이해하고 정보를 줄 수 있도록 가능한 한 간결하게 핵심을 집어
요청하는 것이다.

❶ 인사

- **Hi Thomas, Hope you are well.** 안녕하세요 토머스, 잘 지내고 계시죠?

❷ 소개: 자신을 간략하게 소개하고 연락하는 이유를 설명한다.

- **I am writing to request some additional information regarding...** …와 관련하여 몇 가지 추가 정보를 요청하기 위해 메일 드립니다.

❸ 구체적 요청: 어떤 정보가 필요하고, 왜 필요한지 명확하게 쓴다. 가능한 한 자세히 기술하고 단계별로 나누어서 해야 하는 것을 설명해도 좋다.

❹ 마감일: 기한이 있는 경우 정중하게 언급하며 요청하자.

- **It would be great if you could share above information by next Friday.** 다음 주 금요일까지 위의 정보를 공유해 주실 수 있으면 정말 좋겠습니다.

❺ 마무리: 도움에 대한 감사를 표현하며 이메일을 마무리하자.

- **Thank you for your time and assistance in this matter.**
  이 문제에 대해 시간을 내어 도와주셔서 감사합니다.

이렇게 직접 정보를 요청하는 데 유용한 표현은 어떤 것이 있을까?

❶ 용건을 꺼낼 때

- **I am writing to ask you about...** …에 대해 문의하려고 메일 드립니다.

- **We would like to know...** …을 알고 싶습니다.
  → 일반적으로 회사를 대표하는 느낌으로 'I'보다 'we'를 쓰기도 한다.

- **I was wondering if you could tell me...** …을 알려 주실 수 있을까요?

❷ 정중하게 요청할 때

좀 더 격식을 차려 공손하게 표현하고 싶을 때는 아래와 같이 쓴다.

- **Can you please tell me...?** …을 말씀해 주실 수 있을까요?
  → 'please'를 넣어서 공손한 표현이 됨

- **Could you tell me...?** …을 말씀해 주실 수 있을까요?
  → 상대방으로부터 무언가를 배우려는 의지를 표현하는 정중한 요청◆

- **Would you mind telling me...?** …을 말씀해 주시겠어요?
  → 수신자가 신경 쓰지 않거나 기분이 상하지 않도록 먼저 확인하는 정중한 표현

- **I would be grateful if you could give me some information about...** …에 대한 정보를 제공해 주시면 감사하겠습니다.

❸ 좀 더 자세한 정보를 요청할 때

이전에 논의한 내용에 대해서 더 자세한 정보가 필요할 때는 아래의 표현을 사용한다.

- **I'm interested in receiving some details about...**
  …에 대한 자세한 정보를 받고 싶습니다. → 이미 논의한 내용의 세부 사항을 논의하고 싶을 때

- **If you could send in further details...** 더 자세한 내용을 보내 주시면…
  → 이미 어느 정도 알고 있지만 좀 더 깊은 내용을 논의하고 싶을 때

◆ 이미 'could'에 공손한 뉘앙스가 들어가 있으므로 'could'와 'please'를 함께 쓰지는 않는다.

- **I would appreciate it if you could tell me more about...**

  …에 대해 더 알려 주시면 감사하겠습니다.

  → 특정한 분야에 대해서 좀 더 잘 알고 싶은 발신자의 의도를 드러내는 정중한 표현

- **I would appreciate some more information about...**

  …에 대한 추가 정보를 제공해 주시면 감사하겠습니다.

  → 정보를 주면 감사하겠다는 예의와 감사의 마음을 정중하게 표현

- **I would be interested in receiving further details about...**

  …에 대한 더 자세한 내용을 받았으면 합니다.

❹ **마무리**

마무리할 때도 다시 한번 정중하게 정보를 기다리겠다고 표현하자.

- **I look forward to hearing from you.** 연락 기다리겠습니다.

- **I would appreciate it if you could answer my questions as soon as possible.** 최대한 빨리 답변해 주시면 감사드리겠습니다.

Dear Mr. Sohn,

I hope this email finds you well. I am writing to request some additional information about the services your company offers. I have been researching potential solutions for employee benefits and compensation, and your company has caught my attention as a potential partner.

이메일이 잘 전달되기를 바랍니다. 귀사가 제공하는 서비스에 대한 몇 가지 추가 정보를 요청드리기 위해 메일을 씁니다. 저는 직원 혜택 및 보상에 대한 가능한 해결책을 조사하고 있는데, 귀사가 잠재적 파트너로서 제 관심을 끌었습니다.

Could you please provide more details on the following:

• What are the main benefits of your services?

• What is the process for working with your company from the initial consultation to the completion of the project?

• Can you provide examples of successful projects or partnerships you have had in the past?

다음 사항에 대한 자세한 정보를 제공해 주시겠습니까?
• 귀사 서비스의 주요 혜택은 무엇인가요?
• 초기 상담부터 프로젝트 완료까지 귀사와 협력하는 과정은 어떻게 되나요?
• 과거에 진행한 성공적인 프로젝트 또는 파트너십의 예를 들어 주시겠어요?

I would appreciate any additional information you could provide on these topics. If possible, could you also let me know the estimated timeframe for implementing your services and the associated costs?

이러한 주제에 대해 추가 정보를 제공해 주시면 감사하겠습니다. 가능하다면 서비스 구현에 소요되는 예상 기간과 관련 비용도 알려 주시겠어요?

Thank you for your time. I look forward to hearing back from you and potentially exploring a partnership with your company.

이 문제에 대해 시간을 할애해 주셔서 감사합니다. 귀사와의 파트너십을 모색할 수 있기를 기대하며 연락을 기다리겠습니다.

Best regards,
Danielle

04

회의나
면담
요청하기

회사에서 회의나 면담이 필요할 때 이메일을 써 보자. 물론 친한 사이일 경우는 간단하게 사내 메신저로 요청할 수 있다. 아직 친분이 없는 사람에게는 간단하게 톡이나 챗으로 자신을 소개하고 이메일을 별도로 쓰기도 한다. 이메일로 미팅을 요청할 때는 다음과 같은 장점이 있다.

- 구두로 논의한 내용(장소, 시간 등)이 정리된다.
- 수신자나 발신자의 이름만으로도 관련 미팅에 대한 정보를 찾기 쉽다.
- 관련 내용(첨부 파일)이나 참고할 만한 링크 등을 포함시킬 수 있다.
- 구두로 전달할 때 빠뜨리기 쉬운 내용이 한눈에 정리된다.

다만 이메일의 목적이 이후의 미팅이라는 점을 잊지 말고 최대한 간략하게 적는 것이 좋다.

이메일을 구성하는 방식은 여타 이메일과 비슷하다. 시간과 장소 등은 수신자가 선택할 수 있도록 유연하게 여러 선택지를 주고, 답신을 요청하자.

❶ 제목 → 미팅을 요청한다는 간략한 제목과 미팅 주제를 포함하면 좋음

❷ 인사

❸ 자기소개 → 필요한 경우

❹ 미팅을 요청하는 이유 설명

❺ 시간과 장소 제안 → 여러 선택지를 제공하자

❻ 답변 요청 → 시간과 장소 등을 확정해 달라

❼ 감사

만약 이메일을 보낸 이후에 회신이 오지 않을 경우에는 리마인더^{reminder} 이메일을 보내자.

· **I hope you're doing well. Just a friendly reminder about our upcoming meeting regarding [meeting topic/agenda]. We still need to confirm the time and location for the meeting.**

잘 지내시죠? [회의 주제/안건]과 관련해서 앞으로 있을 회의에 대해 상기시켜 드리고자 합니다. 회의 시간과 장소를 정해야 합니다.

· **Just wanted to remind you about our upcoming meeting. We're still in the process of confirming the time for the discussion.**

다가오는 회의에 대해 상기시켜 드리고 싶습니다. 아직 논의 시간을 정하지 않았습니다.

· **Just wanted to drop a quick reminder. We still need to lock down the location for the meeting.**

잠깐 일깨워 주려고요. 회의 장소를 정해야 해요.

→ 친한 사이일 경우

| 예시 1 |

Dear Kitty,

My name is Danielle from OOO, and I'm writing to ask you for some advice. 저는 OOO에서 일하는 대니엘입니다. 몇 가지 조언을 구하기 위해 메일을 씁니다.

If that works for you, I'd like to meet you sometime next week. Please tell me when and where you'd like to meet. I'm looking forward to meeting you in person.
시간 괜찮으시다면 다음 주 중에 만나 뵙고 싶습니다. 언제 어디서 만나고 싶은지 알려 주세요. 직접 만나 뵙기를 기대하고 있습니다.

Best regards,
Danielle

| 예시 2 |

Hi Johnny,

I got to know you from Sylvie at OO Communications.
OO커뮤니케이션의 실비 님 소개로 연락드립니다.

I heard that you want to hire a new PR manager.
새로운 홍보 매니저를 구하신다는 말씀을 들었습니다.

I would love to meet you one day next week near your Seoul office. I am available any day from Monday through Thursday afternoon.
다음 주 중에 그쪽 서울 사무실 근처에서 뵙고 싶습니다. 저는 월요일부터 목요일 오후까지 언제든 가능합니다.

Thank you for your consideration. I look forward to hearing from you.
배려해 주셔서 감사합니다. 연락을 기다리겠습니다.

Meeting request regarding the budget for the Christmas party

크리스마스 파티 예산 관련 회의 요청

Dear Mr. Sandy,

I work in the Food Service Department at the M Center. As our manager is on paternity leave, I was recently tasked with preparing our department's annual Christmas party.

저는 M 센터의 푸드 서비스 부서에서 일하고 있습니다. 매니저가 육아 휴직 중이라 최근에 저희 부서의 연례 크리스마스 파티 준비를 맡게 되었습니다.

*paternity leave: (남성의) 육아 휴직. 여성의 경우는 maternity leave라고 한다.

I'd like to meet with you to discuss my budget and the number of guests. My work shift starts at 11:00 a.m. and ends at 4:00 p.m., so I'd be available to meet at 11:00 a.m. or 3:00 p.m. on any weekday next week. I can go up to your office, but please let me know if you'd rather meet somewhere else.

예산과 참석자 수에 대해 논의하기 위해 만나 뵙고 싶습니다. 제 근무 시간은 오전 11시부터 오후 4시까지라 다음 주 평일 아무 날이나 오전 11시 또는 오후 3시에 미팅이 가능합니다. 제가 그쪽 사무실로 갈 수 있지만 혹시 다른 곳에서 만나고 싶으시면 알려 주세요.

Thank you very much.

Best,
Danielle

05

설명
요청하기

　　20년 넘게 영어로 업무를 처리하고 있는데도 어느 날은 영어가 잘 되고, 어느 날은 유독 영어가 안 된다. 주말에 한국 드라마를 열심히 보고 오면 월요일에는 영어가 더 안 들리고, 미드를 열심히 보고 오면 좀 더 잘 들린다. 예전에 뉴욕이 본사인 미국계 IT 회사에서 일한 적이 있다. 뉴욕 영어는 빠르기로 유명한데, 입사 후 첫 출장에서 일주일간은 말이 너무 빨라 묻는 말도 잘 못 알아듣고 맹하게 지낸 기억이 있다. 3−4일쯤 지나니까 그제야 귀가 트여서 좀 알아듣나 싶었더니 출장이 끝났다.

　　가끔 미팅에서 말이 빠른 사람과 만나거나 영어가 잘 안 들릴 때는 이해하지 못하는 부분이 생긴다. 대화 중에는 "Excuse me?", "Pardon?" 또는 "I beg your pardon?" 같은 표현을 써서 바로 물어볼 수 있다. 이메일을 받았는데 무슨 말인지 모르겠다면, 마찬가지로 물어보자. 바로 이메일로 회신해도 좋고, 챗으로 대화를 요청하면서 물어봐도 좋다.

- **Could you just clarify your question in the email for me?**
  이메일로 질문하신 부분을 명확히 해 주시겠어요?

- **What does OOO mean?** OOO가 무슨 뜻인가요?

- **Sorry. I don't follow. Would you mind rephrasing the question?**
  죄송하지만 무슨 뜻인지 잘 모르겠어요. 질문 내용을 다시 설명해 주실 수 있을까요?

갑자기 물어보면 예의 없다고 느낄 수도 있으므로, 내가 이해한 내용을 바탕으로 다음과 같이 질문하는 것도 좋다.

- **So what you are saying is...** 그러니까 말씀하시는 내용이…

- **If I understand correctly, you think that...**
  제가 맞게 이해한 거라면 …라고 생각하시는 거죠?

- **So just to confirm I understood...** 그래서 제가 이해했는지 확인하기 위해…

- **I didn't quite catch that, but I think you were asking about...** 제가 잘 이해를 잘 못한 것 같은데 …에 대해 질문하신 것이 맞는지요?

- **Could you run that question past me again, please?**
  그 질문 다시 한번 해 주시겠어요?

- **When you say, "...," can you confirm what you mean?**
  "…"라고 말씀하시는 것이 어떤 의미인지 확인해 주시겠어요?

- **Sorry. I'm not quite sure about your question. Are you asking me if...?** 죄송하지만 질문 내용을 잘 모르겠습니다. …인지 물으시는 건가요?

- **I'm sorry. I'm not sure I understand what you meant by...**
  죄송하지만 …라고 하신 것이 어떤 의미인지 제가 잘 이해를 못한 것 같습니다.

실전 비즈니스 영어 이메일

- **That's a new topic/word/expression for me. Could you explain it?** 저에게는 새로운 주제/단어/표현입니다. 설명해 주실 수 있을까요?
- **Could I pick up with you after the meeting to discuss this in more detail?** 회의가 끝난 후 다시 만나서 더 자세히 논의할 수 있을까요?
  → 여러 명이 함께 수신자로 참여할 때 개인적으로 조심스럽게 부탁하는 경우

회의에서 꼭 질문을 하는 동료가 있다. 언뜻 보기에는 내용을 잘 이해하지 못해서 질문하는 것처럼 느껴지지만, 실제로는 내용을 잘 들어야만 질문을 할 수 있다. 당신이 무엇을 모른다고 질문하는 순간, 사람들은 당신이 누구보다 회의에 집중하는 사람이라고 생각한다. 동료 역시 항상 질문을 하다 보니 가장 경청을 잘하는 사람으로 알려져 있다. 그러니 걱정하지 말고 물어보자.

관용구(Idioms)

관용구는 좀 더 개성적으로 표현하고 싶을 때 사용하면 좋다. 다음은 '이해하기 어렵다'는 의미의 관용적 표현이다. 채팅과 같은 캐주얼한 커뮤니케이션에 사용해도 좋다.

☑ **I can't make heads or tails of what you're saying.**
지금 말씀하시는 게 머리인지 꼬리인지 아무것도 모르겠어요. (전혀 이해하지 못하겠다.)

☑ **This is all Greek to me.**
저에게는 이게 모두 그리스어처럼 들려요. (무슨 말인지 모르겠다.)

☑ **Sorry, but this is as clear as mud to me.**
죄송하지만 이건 진흙 속에서 헤매는 것 같네요. (어려워서 무슨 말인지 하나도 모르겠다.)

06

독촉의 기술:
Reminder,
Final Reminder

모든 사람이 내 이메일을 최우선 순위에 두고 바로 답장을 주면 좋겠지만, 의도하지 않게 이메일이 묵살당하기 쉬운 것이 회사 생활의 이치.

너무나도 유명한 톨스토이의 소설 『안나 카레니나』의 첫 문장 "행복한 가정은 서로 닮았지만, 불행한 가정은 저마다의 이유로 불행하다."를 패러디해 보자면 "이메일을 보내는 과정은 서로 닮았지만, 이메일 답장이 안 오는 이유는 저마다 다르다." 나는 메일을 보냈는데 받은 사람은 잊었을 수 있다. 또, 나중에 보내야지 하다가 시간이 가 버려서 답장을 못 하는 경우도 생긴다. 너무 강요하는 것 같지 않으면서도 답장을 요청하는 이메일은 어떻게 써야 할까?

Reminder

❶ 세련되고 효과적인 제목 쓰기

어떻게 하면 독촉하는 것처럼 보이지 않는 세련된 독촉 메일을 쓸 수 있을까? 정중하면서도 핵심을 꿰뚫어서 행동을 하지 않을 수 없게 만드는 이메일을 쓰는 것이 회사 생활을 하는 사람들의 공통된 고민일 것이다.

여러분의 학생 시절을 떠올려 보자. 막상 공부하려고 책상에 앉았다가도 엄마가 "집중해서 공부 좀 해라!"라고 하면 공부할 마음이 싹 사라졌던 경험이 있었을 것이다. 강요받는다고 느끼면 거부감과 반항심이 생기는 것이 당연하다. 따라서 독촉은 세련되게, 최대한 정중하게, 독촉이 아닌 것처럼 해야 한다. 긴박한 마음과 이해를 바라는 마음 사이에서 균형을 잡아야 한다.

이메일 제목부터 요청을 나타내는 게 좋다. 간단하게 쓰되, 급하고 중요하다는 것을 강조한다. 어떻게 하면 빨리 답을 받을 수 있을지 시간을 들여 고민하자.

이전에 보낸 이메일에 그대로 회신하기보다는 제목에 신경을 써서 작성하는 것이 더 효과적이다. 이메일 회신을 하면 프로그램에 따라 자동으로 'Re:'가 붙는 경우가 많다. 독촉하는 이메일 제목을 'Re: Résumé' 이런 식으로 보내면 중요하지 않은 이메일처럼 느껴진다. 조금만 더 신경을 써 보자. 'Re:' 대신 다음과 같이 구체적 행동을 요청하는 제목으로 바꿔 보자.

강요보다는 부탁하는 뉘앙스의 이메일을 쓰자. 강요하면 하기 싫어지는 것은 만고의 진리. 메일 제목으로 "Hurry up"이나 "Take action now" 등을 쓴다면 강한 명령조로 느껴져 오히려 반감을 살 수 있으니 주의하자.

- **Complete employee survey** 직원 설문 조사를 완료하세요
- **Response Required** 답변을 요청합니다

위와 같은 이메일 제목을 쓰면, 제목만 봐도 무엇을 요청하는 이메일인지 알수 있다. 만약 동사로 시작하는 이메일이 너무 명령조나 직설적으로 느껴진다면, "Following up" 정도로 시작하는 것도 좋다. 한 단계 더 나아가, 행동을 요청하는 문구 옆에 구체적인 내용을 요약해서 한두 단어 정도로 써 준다면 더욱효과적이다.

- **Action Required: Budget submission deadline by Monday**
  필요한 행동: 월요일까지 예산 제출 마감
- **Feedback Required: OOO Project Summary**
  응답 필요: OOO 프로젝트 요약
- **Following up: 4Q sales update** 팔로우업: 4분기 매출 업데이트

여기서 조금 더 세련되게 이메일을 쓰고 싶다면, "[Action Required] Feedback on project OOO([행동 필요] 프로젝트 OOO에 대한 피드백)"라고 쓰기보다 "[3 min survey] Feedback on project OOO([3분 설문 조사] 프로젝트 OOO에 대한 피드백)"와 같이 요청한 행동에 얼마의 시간이 걸리는지를 구체적으로 표시하자. 수신자 입장에서 부담도 덜 수 있고 답변을 받을 확률이 높아질 것이다.

실전 비즈니스 영어 이메일

❷ 친절하게 문의하기

바쁠수록 돌아가라는 말이 있듯이, 본문 역시 바쁠수록 더욱 나이스하게 시작하자. 부드럽게 시작한다면, 메일을 받는 사람은 강요나 독촉의 의미를 전달하지 않았는데도 미안한 마음이 생길 수 있고, 메일에 더 빠르게 답할 확률이 크다. 간단히 안부를 묻거나, 감사나 칭찬 등 상대방이 듣기 좋은 말을 건넨 후에 용건을 말하는 것도 생각해 볼 수 있다.

- **I hope you're having a good week.** 좋은 한 주 보내시고 있기를 바랍니다.
- **Thank you so much for offering to send my résumé to your company. It means a lot to me.**
  저에게 이력서를 보내라고 해 주셔서 정말 감사합니다. 저에게는 정말 큰 의미예요.

이메일은 친절함이 생명이다. 구체적으로 예전에 내가 이러이러한 이메일을 보냈으니 기억해 보시라는 요지로 이메일을 시작하면 좋다. 받은 사람이 머쓱하지 않도록 친절하고 자세하게 알려 주자.

- **I just want to follow up on the email I sent last Monday about the sales figure update.**
  지난 월요일에 드린 판매량 업데이트 관련 이메일에 대해 팔로우업하고 싶습니다.
- **I just want to see what you think about our new compensation scheme.**
  새로운 보상 체계에 대해 어떻게 생각하시는지 확인하고 싶습니다.
- **I'm just following up on an email I previously sent to you.**
  이전에 보내 드린 이메일에 대한 팔로우업입니다.

- **I want to follow up on...** ···에 대한 팔로우업을 하고 싶습니다.

- **I'm just following up on...** ···에 대한 팔로우업입니다.

- **I'm following up on the email below.** 아래 이메일에 대한 팔로우업입니다.

- **I'm following up on my previous email.**
  이전 이메일에 대한 팔로우업입니다.

❸ 공식적인 이메일은 정중하게

공식적으로 쓰는 중요한 이메일은 최대한 정중하게 쓰자. 'want'보다는 'would like to'가, 'can'보다는 'could'가 정중한 표현이다. 또한 공식적인 이메일에서는 줄임말을 사용하지 않는 것이 원칙이다(가령 'I would like'를 'I'd like'로 줄여 쓰지 않는다). 물론 친한 사이에서 보내는 이메일이라면 캐주얼한 표현을 사용해도 무방하다. (정중한 표현과 캐주얼한 표현에 대해서는 94쪽 참조.)

- **I would like to follow up on my meeting request.**
  제가 미팅 요청드렸던 것에 대해 팔로우업하고 싶습니다.

- **I am reaching out to you with regard to the email I sent a few days ago.** 며칠 전에 드린 이메일과 관련하여 연락드립니다.

- **Were you able to review my previous email?**
  혹시 제 이전 이메일을 검토하셨나요?

- **I know you are probably busy now, but I thought this might be beneficial for you.** 지금 바쁘시겠지만 도움이 될 것 같아서요.

- **I haven't heard back from you, but I am convinced our collaboration will generate the results you are looking for.**
  아직 답장을 받지 못했지만 저희의 협업을 통해 원하시는 결과를 얻을 수 있을 것이라 확신합니다.

❹ 해야 할 행동을 구체적으로 말해 줄 것

수신자가 해야 할 것을 분명하게 밝히자. 예를 들어 이전에 보낸 이메일에 대해 언제까지 답을 달라거나, 미팅과 관련한 중요한 날짜나 약속을 알려 주기 바란다는 등 이전에 요청한 정보에 대한 응답을 구체적으로 요청하자.

- **I understand that you are busy, but I would appreciate it if you could review my previous email and respond to me as soon as you can.**
  바쁘시겠지만 지난번 제 이메일을 검토해 주시고 가능한 한 빨리 답변해 주시면 감사하겠습니다.

- **I'm just getting in touch to check whether you had a chance to review the email I sent to you previously.**
  제가 이전에 보낸 이메일을 검토하셨는지 확인하기 위해 연락드립니다.

- **I'm looking forward to receiving the requested information on/about...** …에 대해 요청드린 정보를 받을 수 있기를 기대합니다.
  → 상대방에게 발신자가 이미 요청한 정보를 기다리고 있다는 것을 정중하게 알리는 방법

- **I am available anytime early next week, so please let me know when you fix the 2nd interview schedule.**
  저는 다음 주 초에는 아무 때나 가능하니, 혹시라도 2번째 인터뷰 일정이 잡히면 알려 주시기 바랍니다.

❺ 마무리는 간단하게

- **Thank you for prioritizing this.** 우선적으로 신경 써 주셔서 감사합니다.

- **I am looking forward to hearing from you.** 연락 기다리고 있겠습니다.

- **I am looking forward to your email.** 메일 기다리겠습니다.

Final Reminder

이렇게 예의 바르게 메일을 썼는데도, 다음과 같은 이유로 답장을 또 못 받는 경우가 발생할 수 있다. 첫째, 수신자가 당신의 이메일을 확인하지 못한 경우. 둘째, 즉각적으로 대답할 만큼 정보가 충분하지 않다고 느낀 경우. 셋째, 일부러 연락을 미루는 경우(답변하기 어려운 내용이라 연락을 미루게 되는 경우도 있다). 따라서 독촉 메일을 보냈는데도 답변을 받지 못한다면, 바로 두 번째 독촉 메일을 보내기보다 며칠 기다려 주자. 수신자에게도 생각할 시간이 필요하다.

3-4일 기다려도 답장을 받지 못할 때 다시 리마인더 이메일을 쓰자. 하지만 여러 차례 이메일을 보내면 너무 강요한다는 느낌이 들 수도 있기 때문에 전화나 문자 등 다른 방식을 사용하는 것도 고려할 만하다. 그렇다. 이메일 커뮤니케이션은 쉽지 않다. 준비하고 연습하고 어떤 게 효과적인지 테스트해 보면서 나만의 노하우를 쌓아 가는 수밖에 없다.

다음은 간접적으로 푸시하는 이메일을 세련되게 보낸 경우이다. 이력서를 보낸 후에 답이 오지 않아서 확인 요청을 보낸 것이다.

| 예시 1 |

Thank you again for meeting with me about the PR position last week. I remember that you were hoping to schedule a second interview by this week. I know that the process can be delayed, and I wanted to reach out and see how I can make it easier for you.

지난주에 홍보 직무 인터뷰에서 만나 뵐 기회를 주셔서 다시 한번 감사드립니다. 이번 주까지 두 번째 인터뷰 일정을 잡자고 하셨던 것으로 기억합니다. 절차가 지연될 수도 있는 것을 알고 있고, 어떻게 하면 더 쉽게 처리하시는 데 도움을 드릴 수 있는지 확인차 연락드립니다.

또 다른 예로 한 코칭 플랫폼에서 보낸, 코치 등록 절차를 완료하라는 리마인더 이메일을 살펴보자. 회사의 가치를 홍보하면서도 추가적인 요청 사항을 세련되게 적었다.

| 예시 2 |

Hi Peter,

Thank you for taking the first step toward becoming a OOO coach and sharing our mission to help professionals everywhere pursue their lives with greater clarity, purpose, and passion!

OOO 코치가 되기 위한 첫걸음을 내딛고 전 세계 전문가들이 더 명확한 목표와 열정을 가지고 자신의 삶을 추구할 수 있도록 돕는 저희의 사명에 동참해 주셔서 감사합니다!

We are happy to see that you have already started the application process, which will provide us with a fuller picture of your background and work experience. Please note that once your application has been submitted, we are unable to modify it. If you run into any technical difficulties with the application, we recommend attempting to complete the application with a different browser.

이미 지원 절차를 시작하신 것을 확인하게 되어 기쁘게 생각하며, 이를 통해 선생님의 배경과 업무 경험에 대해 더 자세히 파악할 수 있을 것입니다. 지원서를 제출한 후에는 수정할 수 없음을 양지해 주시기 바랍니다. 지원서 작성에 기술적 문제가 있는 경우 다른 브라우저에서 지원서를 작성해 보시기 바랍니다.

Once you complete it, our team will review it and follow up with the next steps as soon as possible. We appreciate your patience. We recommend marking emails from both our company OOO as "safe" and "not spam" in your email account so that you don't miss anything.

신청서 작성을 완료하시면 저희 팀에서 검토 후 최대한 빠른 시일 내에 다음 단계로 안내해 드리겠습니다. 기다려 주셔서 감사합니다. 이메일 계정에서 OOO 회사에서 보낸 이메일을 '안전' 및 '스팸 아님'으로 표시하여 놓치는 일이 없도록 하는 것을 추천합니다.

In the meantime, you can learn a bit more about us by reading our blog, checking out our videos, and brushing up on case studies.

그동안 저희 블로그를 읽고, 동영상을 확인하고, 사례 연구를 훑어보시면서 저희에 대해 좀 더 자세히 알아볼 수 있습니다.

Thank you again for reaching out to OOO. We look forward to learning more about you!

OOO에 찾아와 주셔서 다시 한번 감사드립니다. 선생님에 대해 더 자세히 알게 되기를 기대합니다!

Best,
The OOO Onboarding Team OOO 신규 회원 지원팀

마지막으로, 독촉하는 이메일을 쓰기 전에 내가 너무 무리하거나 많은 요구를 하지 않았는지 생각해 볼 것! 또한 이런 이메일을 쓸 때, 먼저 생각해 보라. 이메일로 커뮤니케이션하는 것이 효과적일까? 전화나 톡이나 문자로 하는 것이 더 나을지 고민해 보라. 어떤 경우에는 지나가면서 얼굴 보고 슬쩍 이야기하는 게 더 효과적일 수도 있다. 이메일이 모든 것의 정답은 아니다.

07

똑 부러지게
항의하기

살다 보면 당황스러운 일을 겪을 때가 있다. 회사에서도 마찬가지다. 대금 지급이 안 되거나, 업체가 납기일을 못 지키거나, 서비스를 제대로 받지 못하는 등의 상황에서 항의 메일을 써야 할 경우가 발생한다. 누군가의 실수로 내가 손해나 불편을 겪는 경우도 있고, 내가 열심히 한 일인데 다른 사람이 공을 가로채서 자신의 성과처럼 포장하는 억울한 경우도 있다. 이때 우리가 해야 할 것은 예의 바르지만 단호하고 효과적인 항의다.

먼저, 누구에게 메일을 쓸 것인가를 정하라. 만약 회사 구내식당의 메뉴에 대한 불만이 있다면 서빙하는 직원보다는 메뉴를 기획하는 회사 담당자와 커뮤니케이션하는 것이 더 효과적일 것이다. 그리고 항의는 다른 사람을 곤경에 빠뜨리는 것이 아니라 상호간에 해결책을 찾기 위한 것임을 잊지 말자.

항의를 똑 부러지게 하는 것은 쉬운 일이 아니다. 나도 잘 흥분하는 사람이기 때문에 매번 상황을 상상하며 훈련한다. 이메일로 항의하는 것은 말로 하는 것보다 더 효과적일 수 있다. 충분히 시간을 들여 내가 하고 싶은 말을 빼놓지 않고 조리 있게 쓸 수 있기 때문이다. 그렇다면 항의 이메일에는 어떤 내용이 포함되어야 할지 살펴보자.

① 발생한 문제나 상황에 대한 설명

② 본인이 기대했던(받기로 한) 내용이나 활동

③ 이런 상황이 실제 비즈니스나 업무에 어떤 영향을 미쳤는지

④ 문제 해결을 위해 바라는 내용이나 조치

위의 내용을 머릿속으로만 생각하지 말고 메모로 적어 보면 생각을 정리하는 데 훨씬 도움이 된다. 포함해야 할 내용을 모두 생각했다면, 이제 실제로 메일을 쓸 차례다. 다음과 같은 포인트를 염두에 둔다면 효과적인 항의 메일을 작성할 수 있을 것이다.

❶ 항의 내용을 명확하게(Choose your battles)

항의하고자 하는 것이 어떤 내용인지 정확히 쓰고, 대상을 명확히 하자. 어떤 문제가 발생했는지를 최대한 자세하고 구체적으로 쓰자. 직원의 개인적인 잘못인가 아니면 회사 시스템의 오류인가? 배송 사고로 인해서 이벤트에 차질이 있었다. 비용이 제때 지급되지 않아서 어려움을 겪었다 등 이슈로 인해 발생한 불편이나 어려움을 구체적으로 쓰자.

❷ 단호하지만 예의 바르게(Be firm but polite)

다른 사람을 모욕하거나 화풀이를 하는 내용이 되지 않도록 주의하자. 단호하지만 예의 바르고 논리적으로 쓰자.

❸ 한 가지 이슈에 집중해서(Focus on one issue)

여러 가지의 불평을 한꺼번에 쏟아내면 목적을 달성하기 어렵다. 의도가 제대로 전달될 수 있도록 집중하자. 간결하지만 구체적인 정보를 담아 원하는 포인트로 바로 들어가자. 일목요연한 이메일은 받는 사람이 읽을 가능성이 더 높다. 효과적인 이메일에는 주장을 뒷받침할 수 있는 증거와 추론이 포함된다. 입증할 수 있는 자료를 첨부하라. 처음 받았던 이메일의 스크린 캡처나 제품을 받은 날짜 등을 사진으로 찍어서 증빙 자료로 첨부하자.

❹ 전문가답게 쓰자(Be professional)

당신이 보낸 이메일은 나중에 다른 사람이나 부서와 공유될 수 있다. 경우에 따라서는 법원에 자료로 제출될 수도 있다. 이메일은 기분이나 감정이 아닌 사실에 근거해서 객관적으로 작성되어야 한다. 항의 메일을 쓸 때는 몇 년 뒤에 다시 읽어 봐도 부끄럽지 않을지 살펴보자(보내기 전에 주변 사람에게 한번 읽어 봐 달라고 하는 것도 좋다).

문제 해결을 위해서 상대방이 할 수 있는 조치를 제안하거나 요청하자. 이때는 "Fix it right now.(당장 해결해 주세요.)"라고 하기보다는 언제까지 해결되어야 피해가 최소화될 수 있는지 기한을 명시하는 것이 좋다.

Dear Jane Smith,

I'm writing to express my dissatisfaction with the late arrival of the OO workbooks I ordered on April 30. Because of the late delivery, I had to cancel a tutoring program I had planned for May 5. Esther, the salesperson I spoke with, promised delivery on May 4, but the items did not arrive until May 7.

4월 30일에 주문한 OO 워크북이 늦게 도착한 것에 대해 불만을 표현하기 위해 메일을 씁니다. 배송이 늦어 져서 5월 5일에 예정되어 있던 과외 프로그램을 취소해야 했습니다. 제가 통화한 영업 사원 에스더는 5월 4 일에 배송을 약속했지만 5월 7일까지도 상품이 도착하지 않았습니다.

Unfortunately, I was forced to issue refunds to each student, and the kids were unable to attend an important tutoring session prior to their final exam. I phoned the delivery firm for tracking early on May 5, but the company was unable to supply me with any information, leading me to fear that the order had not yet been shipped. Although the service I had in-store was wonderful, the late delivery makes me hesitant to shop with your firm again.

안타깝게도 저는 각 학생에게 환불을 해 줄 수밖에 없었고, 아이들은 기말고사를 앞두고 중요한 과외 세션 에 참석할 수 없었습니다. 5월 5일 아침 일찍 배송업체에 전화해 배송 추적을 요청했지만 배송업체에서 아 무런 정보를 제공해 주지 않아서 주문이 아직 배송되지 않은 것이 아닌가 하는 걱정이 들었습니다. 매장에 서 받은 서비스는 훌륭했지만 배송이 늦어져서 다시 귀사에서 쇼핑하기가 망설여집니다.

I would prefer an answer by Wednesday, May 15, on how you intend to handle this matter, or I will check into contacting consumer agencies. Though it will not aid the students who missed my training, an account credit will compensate for the money I lost by canceling. Please see my receipt and phone records for the follow-up call attached. I hope to hear from you shortly.

이 문제를 어떻게 처리할 것인지 5월 15일(수)까지 답변해 주시면 좋겠습니다. 그렇지 않으면 소비자 기관 에 문의해 보겠습니다. 과외 수업을 받지 못한 학생들에게는 도움이 되지 않겠지만, 취소로 인해 제가 손해 를 본 금액은 계정 크레딧으로 보상받을 수 있겠습니다. 첨부된 영수증과 후속 통화 기록을 확인해 주시고 곧 연락 주시기 바랍니다.

Sincerely,
Edward Ford

08

취업 가능성을
높이는
구직 이메일
쓰기

　　　　　나는 이직을 많이 한 편이다. 대부분 헤드헌터를
통해 회사를 옮겼고, 메타에는 지인의 소개로 원서를 냈다. IT 회사의 문화가
독특하기 때문에 소개referral를 통해 채용하는 경우가 이직률이 낮아 회사에서
선호한다. 최근에는 링크트인의 메시지를 통해서도 이직 제안을 많이 받았다.
이렇게 수동적으로 기회가 와서 이직을 하게 되는 경우도 있고, 내가 원하는
회사에 직접 이메일을 쓰고 지원하는 경우도 있다. 당장 자리가 없더라도 적극
적으로 나를 홍보해 둔다면, 다음에 자리가 났을 때 연락이 오는 경우도 있다.
효과적인 구직 이메일을 어떻게 쓰는지 알아보자.

　이메일로 회사에 지원할 때는 명확한 제목, 자기소개, 자격 및 역할에 대한
관심, 지원서(이력서) 첨부 정도의 간단한 형식을 갖추면 된다.

❶ 제목부터 구직 메일임을 밝히자

> - **Application: [position title], [your name]** 지원: [직책명], [이름]
> - **Application for [position title]: [your name]** [직책명] 지원: [이름]
> 예) Application for PR Manager: Danielle Chong
> 홍보 관리자 지원: 대니엘 정

❷ 채용 담당자 이름을 써도 좋다

채용 담당자Recruiter/Hiring Manager의 이름을 안다면 쓰는 것이 좋고, 모를 경우에는 'Dear Recruiting Manager(채용 담당자님께)'와 같은 일반적인 명칭을 쓴다.

> - **Dear Mr. Kim,**
> - **Dear Recruiting Manager,**

❸ 자기소개(경력과 이력)

간략하면서도 효과적으로 자기소개를 하자. 만약 지인이 당신을 소개했다면 그 사람의 이름도 꼭 언급하자. 현재 어떤 일을 하고 있는지와 지원 사유 등을 간단하게 쓰자. 이메일 본문에는 경력 사항이 반드시 들어가야 한다. 특히 내가 가지고 있는 경험이나 기술을 정리해서 보여 주는 것이 중요하다. 이력서를 요약해도 좋고, 간단한 요약 이후에 링크트인 주소를 삽입하는 것도 좋다.

- **I am a senior consultant at OOO firm and would like to apply for the analyst position at your company.**

  저는 OOO 회사의 수석·컨설턴트입니다. 귀사의 애널리스트 직책에 지원하고자 합니다.

- **I am a PR director with 20 years' experience in the entertainment industry. [LinkedIn profile link]**

  저는 엔터테인먼트 업계에서 20년 경력이 있는 홍보 디렉터입니다. [링크트인 프로필 링크 삽입]

❹ 마무리

이메일 하단에는 당신의 전화번호와 이메일 주소 등을 표기해(이력서에 이미 표기했을지라도) 인사 담당자가 언제든 쉽게 연락할 수 있도록 할 것. 재직 중이라면 언제 연락이 가능한지에 대해서도 적자. 또한 본인의 이메일을 읽어 준 것에 대한 감사와 연락을 기다리겠다는 정중한 표현으로 마무리하자. 이외에 이력서résumé나 커버 레터CV, 포트폴리오portfolio가 있다면 첨부하고, 메일에 첨부 파일을 확인하라고 언급하자.

- **Thank you for your time reviewing my email.**

  시간을 내어 제 이메일을 검토해 주셔서 감사합니다.

- **I look forward to hearing from you.** 연락을 기다리겠습니다.

- **My contact number is 000-000-0000, and I am available anytime between 9:00 a.m. and 5:00 p.m. on weekdays.**

  제 연락처는 000-000-0000이며, 평일 오전 9시부터 오후 5시 사이에 언제든 연락 가능합니다.

간단한 이메일이지만, 형식을 알아 두면 깔끔하고 효과적으로 구직 이메일을 보낼 수 있다. 지금 당장 이직을 할 생각이 없더라도 이력서를 업데이트하고 구직 메일을 써 보자. 구직 메일을 쓰는 것만으로도 자신을 돌아보고 경력을 회고하는 좋은 기회가 될 것이다(실제로 주변에는 매년 새해가 되면 자신의 이력서를 업데이트하면서 한 해를 돌아보고 다음 해를 준비하며 경력 관리를 하는 사람도 있다). 내가 주도하는 경력 관리의 첫걸음이 바로 이력서를 정기적으로 업데이트하는 것이다.

| 예시 1 |

[Application] Junior UX Designer, Danielle Chong

[지원] 주니어 UX 디자이너, 대니엘 정

Dear Mr. Han,

My name is Danielle Chong, and I'm writing to apply for the junior UX designer role on your team at OO. I recently graduated with my BFA (Bachelor of Fine Arts) in UX/UI design.

저는 대니엘 정이라고 하며, OO에서 귀 부서의 주니어 UX 디자이너 직책에 지원하고자 메일 드립니다. 저는 최근에 UX/UI 디자인 학사 학위를 받았습니다.

OO's objective to connect customers with meaningful experiences has really impressed me. During my time at OOO University, I had two internships, one at the creative agency XXX and the other at Samsung.

고객을 의미 있는 경험으로 연결한다는 OO의 목표가 저에게 깊은 인상을 남겼습니다. OOO대학교 재학 시절에는 크리에이티브 에이전시 XXX와 삼성에서 두 번의 인턴십을 했습니다.

During my internships, I did the following:

• Research customers, competitors, and products

• Develop personas, scenarios, and user stories

• Work with developers to ensure product quality

실전 비즈니스 영어 이메일

인턴십 기간 동안 저는 다음과 같은 일을 했습니다.
- 고객, 경쟁사, 제품 조사
- 페르소나, 시나리오, 사용자 스토리 개발
- 개발자와 협력하여 제품 품질 보장

I enjoy the challenge of creating the best user experience possible, and I'd want to apply my knowledge to your company's needs. I'm a well-organized team player with a keen eye for detail, qualities that will serve me well at OO. I've attached my résumé and two samples of work I completed as part of my internships. I'm available to discuss my experience and skills at your convenience.

저는 최고의 사용자 경험을 만들기 위한 도전을 즐기며, 제 지식을 귀사의 니즈에 적용하고 싶습니다. 저는 계획성이 뛰어난 팀 플레이어이며 디테일에 대한 예리한 안목을 가지고 있습니다. 이러한 자질은 OO에서 잘 발휘될 것입니다. 제 이력서와 인턴십 중 완료한 작업 샘플 두 건을 첨부했습니다. 편하신 시간에 제 경험과 기술에 대해 논의하실 수 있습니다.

Sincerely,
Danielle Chong
djchong@oooo.com
010-555-5555

| 예시 2 |

Application for HR Manager Position - Danielle Chong

인사 관리자 지원 – 대니엘 정

Dear Rick,

I am applying for the HR Manager position at OOO posted on LinkedIn. With 10 years of HR experience in the retail industry, I am confident in my ability to drive employee engagement and contribute to your organization's success.

링크트인에 게시된 OOO의 인사 관리자 직책에 지원하고자 합니다. 유통 업계에서 10년간의 인사 경험을 바탕으로 직원 참여를 유도하고 귀사의 성공에 기여할 수 있는 능력을 갖추고 있다고 확신합니다.

Highlights:
- led recruitment for multiple retail locations, reducing turnover by 20%.
- Implemented employee training programs resulting in a 15% increase in sales.

주요 성과:
- 여러 소매점의 채용을 주도하여 이직률을 20% 줄였습니다.
- 직원 교육 프로그램을 실시한 결과 매출이 15% 증가했습니다.

I hold a bachelor's degree in human resources management and stay updated with industry best practices and employment laws. I am well-versed in leveraging HR technology for streamlined processes.

저는 인사 관리 학사 학위를 보유하고 있으며 업계 우수 사례와 고용법에 대한 최신 정보를 파악하고 있습니다. 저는 간소화된 프로세스를 위해 인사 관리 기술을 활용하는 데 능숙합니다.

I am drawn to OOO for its stellar reputation and commitment to employee development. I am confident that my skills, experience, and passion for HR will be a valuable asset to your team.

저는 직원 개발에 대한 탁월한 평판과 헌신으로 인해 OOO에 매료되었습니다. 인사 관리에 대한 저의 기술, 경험, 열정이 귀 부서에 귀중한 자산이 될 것이라고 확신합니다.

Please find my attached résumé for further details. I would welcome the opportunity to discuss how my qualifications align with OOO's goals.

I am available for a call or in-person meeting at your convenience.

보다 자세한 내용은 첨부된 이력서를 참조하시기 바랍니다. 저의 자격이 OOO의 목표와 어떻게 부합하는지 논의할 수 있는 기회를 환영합니다. 편하신 시간에 전화 통화 또는 대면 미팅이 가능합니다.

Best,
Danielle Chong

자신의 장점을 표현하는 동사

구직 이메일에서는 다양한 동사로 내가 가진 장점을 표현하는 것이 유리하다. 다음의 표를 이용해서 당신의 이력서를 점검하라. 반복되는 동사가 있다면 유사하지만 다른 동사로 바꾸어 당신의 성과를 구체적으로 표시하라. 예를 들어, 단순히 팀을 관리했다는 것이 아니라 팀원을 뽑고, 동기를 부여하고, 조직 문화 형성에 기여했다는 등 구체적인 활동을 나타내는 동사를 사용하자. 프로젝트 기획도 'launched', 'developed', 'created', 'built'와 같은 다양한 동사를 사용해서 당신의 경험을 더욱 풍부하게 표현하자.

프로젝트 총괄	프로젝트 실행 결과	성과 달성	업무 개선	팀 관리	새로운 고객·기회 개척
led	built	achieved	centralized	aligned	acquired
arranged	created	advanced	clarified	directed	closed
executed	designed	amplified	customized	fostered	navigated
delegated	developed	increased	digitized	hired	negotiated
managed	established	delivered	integrated	motivated	partnered
organized	implemented	enhanced	reorganized	shaped	pitched
oversaw	initiated	improved	restructured	supervised	secured
planned	launched	maximized	streamlined	unified	sourced

고객 지원	리서치·분석	커뮤니케이션	관리 감독	성취와 달성
advised	analyzed	briefed	adjudicated	completed
coached	assessed	composed	authorized	exceeded
consulted	audited	conveyed	dispatched	outperformed
educated	calculated	defined	enforced	overcame
fielded	examined	documented	ensured	reached
recommended	forecast(ed)	edited	inspected	showcased
resolved	identified	outlined	itemized	succeeded
	investigated	promoted	monitored	won

09

추천서
작성
부탁하기

　　"약한 유대weak ties의 힘." 미국의 사회학자 마크 그래노베터Mark Granovetter가 1973년에 발표한 논문◆에 따르면, 강한 유대strong ties 가 있는 사람(아주 친밀하고 잘 아는 사람, 가족이나 친구에 해당)보다 약한 유대가 있는 사람(우연히 스치거나 이름, 얼굴 정도만 알고 있는 사람)이 관계와 연결을 통해 도움을 주기 쉽다. 보스턴 근교에 사는 282명을 대상으로 직업을 구한 경로를 조사했더니, 놀랍게도 70% 정도가 약한 유대 관계의 사람으로부터 도움을 받은 것으로 나타났다. 약한 유대 관계는 정보가 겹치는 정도가 적어 정보의 확산과 공유에 더 효과적이기 때문이다.

　　누군가를 추천해 달라는 요청을 종종 받는다. 그만큼 주변의 지인을 통해서 추천받는 것이 실패 확률을 줄이기 때문이다. 잘 쓴 추천서는 당신에 대한 호감도를 상승시키고 덩달아 원하는 일자리에 합격할 확률도 높여 준다. 하지만 누군가에게 나에 대해서 좋은 말을 써 달라고 요청하는 것은 살짝 부끄럽기도 하

◆ Mark Granovetter, "The Strength of Weak Ties: A Network Theory Revisited," Sociological Theory, Vol. 1 (1983), pp. 201-233

고 상대에게 부담을 줄까 봐 걱정도 된다. 다음의 순서로 추천서를 부탁해 보자.

❶ 추천인을 정하고 미리 언질 주기

만약 대학원에 진학한다면, 공부하는 과정을 지도한 교수가 추천인으로 적합할 것이고, 이직을 위한 추천서라면 이전에 함께 일했던 상사나 고객이 좋다. 일단 떠오르는 몇 명의 이름을 적어 두자. 그들에게 전화나 대면으로 정중하게 추천서를 부탁하자. 추천서를 부탁하고 싶은 이유를 말하고, 구체적으로 어떤 내용이 추천서에 담기길 원하는지 설명하자. 필요한 내용을 제공하겠으니 너무 부담 갖지 말라는 말을 잊지 말자.

❷ 자료 준비하기

부탁받은 사람이 쉽게 추천서를 쓸 수 있도록 자료를 준비한다. 이력서, 성과 목록, 강조되었으면 하는 포인트 등을 정리하자.

❸ 이메일 보내기

구두로 부탁한 내용을 이메일로 정리해서 보내자. 다음 내용을 포함하자.

❶ 지원하려는 직업/회사/학교에 대한 정보

❷ 추천서 제출 마감 기한 (충분한 시간을 주는 것이 좋다. 최소 2주)

❸ 최근에 업데이트한 이력서 (또는 간단하게 성과를 정리한 내용)

❹ 참고할 만한 다른 추천서가 있다면 동봉한다.

❺ 강조해서 인정받고 싶은 역량이 있다면 정리한다. (Communications(커뮤니케이션), Partnering(파트너링), Agility(기민함) 등 역량과 구체적인 사례를 적는 것도 좋다.)

추천서 데드라인 일주일 전에는 리마인더 메일을 보내는 것이 좋다. 만일 혹시라도 부탁 이메일을 보낸 후에 상대방이 주저하는 것이 느껴진다면 쓰지 않아도 괜찮다고 하고 다른 사람을 찾아보자. 또, 그쪽에서 거절할 가능성도 있으니 적어도 두세 명에게 부탁해 두는 것이 좋다.

| 예시 |

Dear Kathy,

I hope everything is good with you. As we talked over the phone, I'm in the process of applying to OO University and would like to know if you'd be willing to provide a letter of recommendation.

잘 지내고 계시죠? 전화상으로 얘기 나누었듯이, 제가 OO대학교에 지원하려고 하는데 추천서를 써 주실 의향이 있으실지 알고 싶습니다.

I had a great time as your co-researcher. I believe you could attest for the achievement that I displayed during our time together.

캐시와 공동 연구자로서 좋은 시간을 보냈습니다. 함께 연구하는 동안 제가 보여 준 성과를 증명해 주실 수 있을 거라 믿습니다.

I appreciate you taking the time to consider my request. The submission deadline is April 10. I've enclosed my CV and instructions for submitting the letter. Please do not hesitate to contact me if you require any additional information.

시간을 내어 제 요청을 검토해 주셔서 감사합니다. 제출 마감일은 4월 10일입니다. 제 커버레터와 추천서 제출 지침을 동봉했습니다. 추가 정보가 필요하시면 언제든지 연락 주시기 바랍니다.

Thank you for your time and support.

시간을 내 주시고 도움 주셔서 감사합니다.

Best regards,
Danielle

실전 비즈니스 영어 이메일

INTERVIEW

에리카 응(Erika NG)

영어 커뮤니케이션 코치, bettersaid.org 운영
*LinkedIn: erika.bettersaid

 자기소개 부탁드립니다.

안녕하세요. 저는 메타, 넷플릭스, 구글 등 주요 IT 기업의 커뮤니케이션 코치로 일하고 있습니다. 저는 고객들이 커뮤니케이션 기술을 향상시켜 다양한 문화권에서 효과적으로 소통할 수 있도록 돕고 있습니다. 또한 여성이 자신감과 리더십 능력을 개발할 수 있도록 힘을 실어주는 데에도 열정을 쏟고 있습니다. 4개국에서 살았고, 그중에서도 한국을 가장 좋아합니다.

여러 다른 문화권 사람들과 일하시면서 이메일을 작성할 때 특별히 주의하시는 점이 있나요?

저는 미국인, 영국인, 싱가포르인, 한국인을 포함한 전 세계 고객들과 함께 일하고 있습니다. 각 지역마다 이메일을 작성하는 고유한 방식이 있습니다. 예를 들어 북미 지역 이메일은 좀 더 열정적인 반면, 아시아 지역 이메일에는 귀여운 이모티콘을 넣는 경향이 있습니다. 그러나 공통적으로 신경 쓰는 것은 수신자가 제 의도를 파악하고 요청을 이행하는 데 필요한 모든 세부 사항을 이해할 수 있도록 **효율적이고 직관적인 이메일 작성 스타일**을 추구하는 것입니다. 저의 궁극적인 목표는 불필요한 커뮤니케이션을 최소화하는 것입니다.

이메일 커뮤니케이션의 성공 사례를 공유해 주실 수 있나요?

이전에 갈등이 있었던 동료와의 특별한 경험이 있습니다. 격렬한 논쟁 끝에 우리는 서로를 피하고 다른 팀에서 일하기로 합의했습니다. 하지만 6개월 후, 그가 저에게 몇 가지 정보를 공유하고 싶다고 연락했습니다. 그 정보는 유용했지만 다듬을 필요가 있었습니다. 이전에 갈등이 있었기 때문에, 저는 제 우려와 격려를 담아 내면서도 기분 나쁘게 들리지 않게 주의해서 이메일을 작성했습니다.

그는 제 피드백을 기꺼이 받아들였습니다. 알고 보니 팀원 중 다른 두 명은 그를 무시했고, 저는 그의 마지막 희망이었죠. 결국 우리는 협업을 시작했고, 그 내용은 60명의 매니저들이 참석한 워크숍으로 발전했습니다. 나중에, 그는 저에게 자신을 믿어 준 것에 대해 감사한다는 감동적인 이메일을 보냈습니다.

이 에피소드는 **새로운 시각으로 이메일을 읽고 수신자의 시간과 노력을 진심으로 존중**하는 마음으로 답장하는 것의 중요성을 강조합니다. 과거의 경험에 얽매이지 말고 열린 마음과 협력 의지로 각 상황에 접근하세요.

이메일을 작성할 때 가장 중요한 것은 무엇이라고 생각하시나요?

직장에서 의사 결정이나 요청을 할 때는 '대상'과 '목적'이라는 두 가지를 염두에 두는 것이 중요합니다. 이 두 요소를 이해하면 접근 방식을 최적화할 수 있고 긍정적인 결과를 얻을 가능성을 높일 수 있습니다. 예를 들어, 상사가 촉박한 프로젝트 마감일을 맞추는 것에 대해 우려하고 있다면 추가 연장 근무 요청이 프로젝트의 진행 상황과 직접 연결되도록 하세요. 이러한 연결은 상사의 우려를 이해하고 있음을 보여 주고 요청의 중요성을 강조할 수 있습니다.

반면에 개인적인 스트레스를 겪고 있는 동료에게 요청하는 경우, 상황을 배려하는 것이 중요합니다. 요청이 시간에 민감하지 않은 경우에는 다음 주까지는 필요하지 않다고 알려 업무량을 계획하고 우선순위를 정할 수 있는 충분한 시간을 주세요.

정보에 입각한 결정과 요청을 하려면 **대상과 목적을 파악하는 것**이 중요합니다. 시간을 내어 동료의 관점과 우선순위를 이해하면 성공적인 결과를 달성할 가능성을 높이는 동시에 긍정적인 업무 관계를 구축할 수 있습니다.

이메일과 관련된 실수나 실패 사례가 있다면 공유해 주실 수 있을까요?

다른 문화권 출신의 동료에게 2주 후에 출장을 예약해 달라는 이메일을 보냈습니다. 그녀는 제 이메일을 받았으며 모든 것을 예약해 주겠다고 답장을 보내 왔습니다.

이틀이 지난 후 다시 연락해서 예약을 완료했는지 물었습니다. 그녀는 "문제없습니다, 제가 예약해 드리겠습니다"라고 답했습니다. 여행 이틀 전이 되었습니다. 그때 그녀가 저를 찾아와 제가 선택한 호텔과 항공편이 모두 예약이 마감되었다고 했습니다. 급히 다른 항공편과 호텔을 선택해 출장은 무사히 마쳤지만 어떻게 된 건지 알고 싶었습니다. 동료에게 왜 진작 예약하지 않았냐고 물었더니 제 일정이 변경되어 예약이 취소될 수도 있고, 그러면 업무가 더 많아질 수 있기 때문에 그렇게 빨리 예약해야 할 필요성을 못 느꼈다고 하더군요. 저는 미리 준비하는 것을 좋아하고 가능한 한 빨리 예약하면 스트레스를 줄이고 업무 효율을 높이는 데 도움이 된다고 설명했습니다.

문화가 다른 사람들과 소통할 때는 오해가 발생할 수 있다는 점을 기억하는 것이 중요합니다. 제 동료가 "예약해 드릴게요"라고 말했을 때 저는 "오늘 예약해 드릴게요"라는 뜻이라고 생각했지만 실제로는 "2주 후에 여행하기 전에 예약해 드릴게요"라는 뜻이었던 것이죠.

Q 나만의 이메일 작성 노하우를 알려 주실 수 있나요?

1. **객관식 질문 선택** – 답변을 요청할 때 개방형 질문은 피하세요. 대신 '화요일 오후 4시 또는 금요일 오전 10시'와 같이 선택할 수 있는 옵션을 제공하세요. 이렇게 하면 불필요한 이메일 주고받기를 없애고 시간을 절약할 수 있습니다.

2. **대화 방식 읽기** – 이메일 상대의 어조와 스타일에 주의를 기울이세요. 상대방이 좀 더 캐주얼한 방식을 선호한다면 그 방식을 따르세요.

3. **시간 관리의 우선순위 정하기** – 이메일 작성에 얼마나 많은 시간을 할애할지 결정하고 그 시간을 지키세요. 이메일 하나에 너무 많은 시간을 할애하면 우선순위가 높은 업무에 방해가 될 수 있습니다.

4. **모든 것을 문서화하기** – 오해를 피하고 책임 소재를 명확히 하려면 회의에서 나온 주요 합의 사항과 다음 단계를 요약해서 관련된 모든 사람에게 보내세요. 관련자가 정보를 수정하지 않으면 사실상 동의한 것으로 간주하고 이를 따를 책임이 있습니다.

5. **너무 깊이 생각하지 않기** – 일단 이메일을 보낸 후에는 너무 깊이 생각하지 마세요. 상대방은 정확한 세부 사항을 기억하지 못할 가능성이 높으니, 작업을 진행해서 완료하는 데 집중하세요.

Chapter
07

요청에
답하는
이메일

BUSINESS ENGLISH EMAIL ●

01

회의
참석 여부
회신하기

어떤 회의를 주재한다고 생각해 보자. 몇 명이 오고 어떤 사람이 참석하느냐에 따라 회의 장소와 형태가 달라진다. 그렇기에 회의 참석 여부를 빠르게 알려 주는 사람이 고맙기 마련이다. 이런 일정 확인 이메일은 '나중에 답장해야지' 하다가는 잊어버리고 답장을 못 하기 일쑤다. 그래서 나는 회의 참석 여부를 묻는 메일에는 바로 답한다는 원칙을 가지고 있다.

간단하고 짧게 회의 참석 여부를 회신하자. 요새는 미팅 스케줄러를 별도로 보내기 때문에 굳이 메일로 답장을 쓸 필요가 없는 경우도 많다. 이메일로 회신을 요청했거나 좀 더 공식적인 회의 참석 요청에 답변할 때만 메일로 쓰면 된다. 참석 여부를 확인하는 메일은 대개 아래와 같은 내용을 포함한다.

❶ 제목

받은 메일에 바로 회신하는 것도 좋다. 'Re:'로 메일 내용에 회신한다는 것을 바로 나타낼 수 있다. 가끔은 'Meeting confirmation'과 같이 이메일 제목을 보고 한눈에 내용을 알아볼 수 있도록 제목을 수정하는 것이 성의 있어 보이기도 하니 상황과 상대방에 따라 적절하게 쓰자.

❷ 본문

본문은 다음과 같은 순서로 작성한다. 참석 여부만 언급하지 말고 감사 표현과 도움 제안 등을 담은 매너 있는 이메일을 작성하면 간단한 답장으로도 상대에게 호감을 줄 수 있다.

❶ 참석 요청에 대한 감사로 시작하자.

- **Thank you for the invitation.** 참석 요청 주셔서 감사합니다.

❷ 참석 여부를 먼저 알린다.

- **I'm writing to confirm my attendance at the upcoming meeting.** 다가오는 회의에 참석할 것을 확인드립니다.

- **Unfortunately, I won't be able to attend the meeting.** 유감스럽게도 회의에 참석할 수 없겠습니다.

❸ 회의 날짜, 시간, 장소를 다시 언급해서 본인이 알고 있는 정보가 맞는지 확인하며 혹시 변동 사항이 있다면 알려 달라고 한다.

❹ 회의 전에 준비해야 할 사항이 있는지 물어본다.

❺ 날짜를 조율해야 할 경우, 가능한 날짜를 제안하고 확인을 부탁한다.

Confirmation of participation in the meeting on Feb. 3

2월 3일 회의에 대한 참석 여부 확인

Dear Ms. Chong,

I gratefully accept your invitation to the meeting on our Christmas gift partnership and joyfully confirm my attendance.

크리스마스 선물 파트너십에 관한 회의 초대에 감사드리며 기꺼이 참석을 확정합니다.

Please notify me if there are any items that need to be prepared for this meeting. I remain at your disposal.

이 회의를 위해 준비해야 할 사항이 있으면 알려 주시기 바랍니다. 언제든지 준비하겠습니다.

Sincerely,

Emily

Dear Carl,

I'd like to confirm our appointment tomorrow at 11:00 a.m. in the lobby of the OO Hotel. (I'd love a similar confirmation from you so that we're both on the same page.) I am excited to meet you.

내일 오전 11시에 OO 호텔 로비에서 만나기로 한 약속을 확정하고 싶습니다. (서로 동의한 내용을 확인할 수 있도록 확인을 부탁드립니다.) 만나 뵙게 되어 정말 기대됩니다.

Sincerely,

Danielle

| 예시 3 | 시간이 안 돼서 다른 날짜를 제안할 때

✉

Dear Sunny Liu,

Thank you for your email. I would be pleased to meet with you and discuss the matter; unfortunately, I am unavailable on December 15 and would like to reschedule our meeting for January 9 after the New Year holiday.

메일 주셔서 감사합니다. 기꺼이 만나서 이 문제를 논의하고 싶습니다만, 안타깝게도 12월 15일에는 제가 시간이 안 돼서 새해 연휴가 끝난 후 1월 9일로 미팅 일정을 다시 잡고자 합니다.

I look forward to your reply and confirmation.

답변과 확인을 기다리겠습니다.

Best Regards,
Danielle

| 예시 4 | 다른 사람의 회의를 대신 잡는 경우

✉

Dear Mr. Jackson,

I'm writing to confirm your meeting with Ms. Kim at our building on April 4. If you need assistance finding the site, please call me at 010-000-0000. I am looking forward to meeting you soon.

4월 4일에 저희 건물에서 김 이사님과 만나시기로 한 약속을 확인하고자 연락드립니다. 장소를 찾는 데 도움이 필요하시면 제 번호인 010-000-0000으로 연락 주시기 바랍니다. 곧 만나 뵙기를 기대하고 있습니다.

Best Regards,
Danielle

02

정보
요청을
받았을 때

회사에서는 정보를 요청하는 이메일을 많이 받는다. 우리 부서의 우선순위, 작년 영업 수치, 신제품에 대한 상세 정보 등 요청하는 정보는 다양하다. 이런 메일에는 어떻게 답하는 것이 좋을까?

예의 바른 인사와 함께 정보 요청에 대한 답변 메일이라는 것을 알리면서 시작해 보자. 회신 메일을 쓸 때는 받은 이메일의 스타일을 참고해서 답장하는 것도 좋다.

- **This email is in response to your request for information about our product feature.**
  당사의 제품 특징에 대한 정보를 요청하신 것에 대한 답변입니다.

- **I'm writing in response to your request for information about the official press kit.**
  공식 프레스 키트에 대한 정보를 요청하신 것에 대해 답변을 드립니다.

이메일을 다른 사람으로부터 전달받은 경우에는 그 사실을 언급해서 당신이 이메일에 답장하는 이유를 이해시키는 것이 좋다.

- **Our Legal Department forwarded your email requesting to check the list of the sold-out product to me.**
  법무팀에서 품절된 제품 목록을 확인해 달라는 당신의 이메일을 저에게 전달했습니다.

- **The email you sent has been forwarded to me by Mr. Logan.**
  보내 주신 이메일이 로건 씨로부터 저에게 전달되었습니다.

이제 요청한 내용에 대한 답변을 작성하자.

- **We deliver several products at H stores, and I have enclosed a PDF document containing the different categories and products that we offer.**
  우리는 H 매장에 여러 제품을 배송하고 있으며, 우리가 제공하는 다양한 카테고리와 제품 소개가 포함된 PDF 문서를 첨부합니다.

- **Please find the official press kit, which contains our history, mission, values, and product lines.**
  저희 회사의 역사, 사명, 가치 및 제품 라인이 포함된 공식 프레스 키트를 첨부하니 확인 바랍니다.

모든 요청에 전부 답을 해야 하는 것은 아니다. 요청한 내용을 정확히 모르거나 비공개 정보인 경우도 있기 때문이다. 회사 내부 규정과 같은 특정 상황 때문에 메일을 보낸 사람의 요구를 들어 줄 수 없다면 이에 대해 명확히 알려 주는 것이 필요하다. 빙빙 돌려서 말하거나 대답을 회피하지 말자. 공손한 어조를 사용하고, 요청에 응할 수 없는 이유를 납득이 갈 수 있도록 설명하자.

- **I am sorry. I'm unable to carry out this request. The document you asked for contains sensitive information, and we cannot release it according to our company's internal regulations.**

  죄송하지만, 요청을 처리해 드릴 수가 없습니다. 요청하신 서류는 민감한 정보가 포함되어 있어 회사 내부 규정에 따라 공개가 어렵습니다.

  → 요청한 정보를 줄 수 없는 경우

- **To give you the best response to your inquiry, we need more information about the specific document you are asking for. Can you please specify the details?**

  문의하신 것에 대해 최선의 답변을 드리기 위해, 요청하시는 구체적인 문서에 대한 더 많은 정보가 필요합니다. 세부 사항을 알려 주시겠습니까?

  → 추가 정보가 필요할 때

이렇게 해서 깔끔하고 정리된 이메일이 탄생했다. 보내기 전에 마지막으로 오타나 문법적 오류가 있는지 한 번 더 점검하고 보내자.

03

의견이나
조언을
요청받았을 때

　　　　　　　살다 보면 남을 도울 일도 있고, 내가 도움 받을 일도 있다. 펜실베이니아대학교 워튼스쿨 조직 심리학 교수인 애덤 그랜트Adam Grant는 저서 『기브 앤 테이크Give and Take』에서 사람을 세 가지 유형으로 나눈다. 받은 것 이상으로 남에게 나눠 주려는 '기버giver', 내가 준 것 이상을 받으려는 '테이커taker', 내가 받은 만큼만 돌려주는 '매처matcher'이다.◆

Three Styles of Interpersonal Interactions

◆ 애덤 그랜트, 『기브 앤 테이크: 주는 사람이 성공한다』, 윤태준 옮김, 생각연구소, 2013

그랜트는 성공의 피라미드를 그린다면 가장 꼭대기와 가장 아래에 기버가 위치한다고 한다. 다른 사람과 자기 이익을 함께 생각하는 사람들은 성공한 기버가 된다. 다만 상대방이 구하지도 않았는데 무조건 퍼 주기만 하는 기버들은 호구가 된다. '나는 가진 게 없어'라고 실망하지 말자. 나누는 것은 물질만이 아니다. 다정한 인사, 안부 메일, 정보, 조언 등 나눌 수 있는 것은 다양하다. 상대방에게 정말 도움이 되는 것을 적절한 시기에 나누는 것이 중요하다.

이런 마음가짐을 바탕으로 이메일을 통해 누군가가 나에게 조언이나 의견을 구한다면, 그 사람을 어떻게 효과적으로 도울 수 있을지 생각하고 성의껏 답장을 쓰자. 나는 가끔 인스타그램 등 소셜 미디어를 통해서도 내 업무에 관심 있는 학생의 질문을 받는다. 한 줄짜리 답변도 그 사람에게는 인생의 방향을 바꾸는 조언이 될 수 있기 때문에 도움을 요청하는 DM이나 이메일에는 시간을 들여 꼭 답을 준다. 다음은 의견이나 조언에 대한 답장을 쓸 때 내가 고려하는 점이다.

- 이 사람이 어떤 분야의 조언을 구하는지 핵심을 확인한다.
- 내가 줄 수 있는 조언이나 의견인지 확인한다.
- 내가 도울 수 없는 부분이라면, 조언할 수 있는 사람을 추천하거나 연결해 준다.

그러면 의견이나 조언을 구하는 이메일에 대한 답장을 쓸 때 어떻게 쓰는 것이 효과적일지 구체적으로 살펴보자.

❶ 감사와 공감 나타내기

먼저 나에게 조언을 구한 것에 대해 감사의 표시를 하자. 이메일 쓴 사람의 상황에 대한 반응을 진솔하게 표현한다.

- **Thanks for your email.** 메일 감사합니다.
- **It is great to hear from you.** 연락 주셔서 반갑습니다.
- **(I'm) sorry for not writing earlier.** 더 일찍 답장 드리지 못해 죄송합니다.
- **(I'm) sorry that I haven't been in touch for a while.**
  한동안 연락 드리지 못해 죄송합니다.
- **(I'm) glad to hear about/that...** …하시다니 기쁘네요.
  → 좋은 소식일 경우
- **(I'm) so pleased to hear about/that...** …하시다니 정말 기뻐요.
  → 아주 좋은 소식일 경우
- **(I'm) sorry to hear about/that...** …하시다니 유감입니다.
  → 나쁜 소식일 경우

❷ 답을 주기 전에 질문하기

요청자가 원하는 목표와 결과를 그려 보게 하는 코칭 질문을 해 보자. 직접 충고를 하는 것도 좋지만, 질문을 던져 그 사람이 스스로 숙고하고 질문에 답을 찾도록 이끈다면 훨씬 더 의미가 있을 것이다. 그 사람이 스스로 성장할 수 있도록 돕는 일이니까.

- **What do you want to achieve from this?**
  이 일을 통해 무엇을 달성하고 싶으신가요?

- **What goal do you want to achieve?** 어떤 목표를 달성하고 싶으신가요?

- **What would you like to happen with...?**
  …으로 어떤 결과를 얻고 싶으신가요?

- **What do you really want?** 정말로 원하시는 게 무엇인가요?

- **What would you like to accomplish?** 무엇을 성취하고 싶으신가요?

- **What result are you trying to achieve?** 어떤 결과를 얻으려고 하나요?

- **What outcome would be ideal?** 어떤 결과가 이상적일까요?

- **What do you want to change?** 무엇을 바꾸고 싶으신가요?

❸ 조언하기

코칭 질문 후에는 내 의견을 제시하자. 내 조언이 정답이 아닐 수 있으니, 단정적으로 쓰기보다는 권유하는 표현 내지 청유형이나 '만약 나라면…'과 같은 가정법으로 답변하자. 이 방법 역시 그 사람이 스스로 생각할 여지를 남길 수 있다.

- **Why don't you...?** …해 보는 건 어때요?

- **If I were you, I would...** 제가 그 입장이라면 저는 …하겠습니다.

- **It would be a good idea if you could...**
  …하실 수 있다면 좋은 생각일 것 같은데요.

- **I think you should talk to your manager.**
  매니저와 이야기해 보셔야 할 것 같아요.

- **I would suggest/recommend doing◆ this.**

  이것을 하시기를 제안/추천하겠습니다.

- **My advice would be to...** 제 조언은 …하는 것입니다.

- **I would strongly advise you to...**

  저는 강력하게 …하실 것을 조언하겠습니다.

- **One way you could approach this would be to...**

  이 문제에 접근하는 한 가지 방법은 …하는 것입니다.

❹ 격려하고 실행을 독려하기

마지막으로, 구체적인 행동에 대한 질문을 해서 요청자가 자신의 상황을 정리하고 실행하도록 돕는 것도 그 사람의 성장에 도움이 된다.

- **What are you going to do about it?** 그 일에 대해 어떻게 하실 건가요?

- **What do you think you need to do right now?**

  지금 당장 하셔야 할 일이 무엇이라고 생각하세요?

- **Tell me how you're going to do that.**

  어떻게 그 일을 하실 건지 말해 주세요.

- **How will you know when you have done it?**

  그 일을 해 냈을 때 어떻게 아실 수 있을까요?

- **Is there anything else you can do?** 더 하실 수 있는 일이 있을까요?

◆ 제안/추천/권유를 의미하는 suggest, recommend 뒤에 동사를 바로 쓸 때는 동명사 형태로 써야 한다. '주어+동사'를 쓸 때는 동사를 원형으로 써야 한다. (예: I would suggest (that) you do this.)

04

제안에
응하거나
거절하는
표현

　　　　　　　　　업무 관련 제안이나 협력 요청을 받을 때가 있다. 루이비통 같은 럭셔리 브랜드 회사에 다닐 때는 다양한 분야의 예술가들이 협업하자는 메일을 보내 왔다. 당신이 어떤 제품의 담당자라면 관련 제품에 대한 컨퍼런스에 발표자로 참가해 달라는 요청을 받기도 할 것이다. 이런 제안에 응하거나 거절하는 이메일은 어떻게 쓸까?

❶ 제안 언급

제안을 언급하면서 시작한다.

- **Regarding your suggestions, we went through internal reviews.** 제안하신 것에 대해서, 내부 검토를 진행했습니다.

- **Regarding your email on collaboration proposal...**
  협업 제안에 대해 보내 주신 메일에 대해서…

- **Regarding the ideas you shared...** 공유해 주신 아이디어와 관련해서…

❷ 제안해 준 것에 대해 감사 표시

우리 회사나 나의 업무에 관심을 가지고 제안해 준 호의에 감사를 표한다.

- **Thank you for your suggestions.** 제안해 주셔서 감사합니다.

- **Thank you for taking the time to write down your ideas and to share them with me.**
  시간을 내어 아이디어를 적어 주시고 저와 공유해 주셔서 감사합니다.

- **We appreciate your suggestion for changing our design to make it more environmentally friendly.**
  더 환경 친화적인 디자인 변경에 대한 제안에 감사드립니다.

- **We always enjoy hearing from our customers, and your email regarding reporting issues was no exception.**
  저희는 항상 고객의 의견을 듣는 것을 기쁘게 생각하며, 문제 보고에 관한 고객님의 이메일도 예외가 아니었습니다.

- **We appreciate your initiative in writing to us about...**
  …에 대해 적극적으로 의견을 주셔서 감사합니다.

❸ 제안에 대한 응답

제안에 찬성할 경우, 다음과 같이 제안에 대해 긍정적으로 생각한다는 뜻을 밝히고, 또 어떤 것들을 할 수 있는지 알려 주자.

- **I think your ideas have merit, and I plan to bring them up at the next board meeting. I will let you know of any decisions we make.**
  제안하신 아이디어는 타당성이 있다고 생각하며 다음 이사회에서 논의할 계획입니다. 결정이 내려지면 알려 드리겠습니다.

- **We will certainly pass this suggestion on to our designers who are working on next year's model.**

  내년 모델을 개발 중인 디자이너들에게 이 제안을 꼭 전달하겠습니다.

- **We are considering using a size chart as you suggested.**

  제안하신 대로 사이즈 표를 사용하는 방안을 검토 중입니다.

- **As we have looked over your suggestion, we believe it could save us almost 10% of our current costs during the next year alone. You are indeed an asset to the company.**

  제안을 검토한 결과, 내년에만 현재 비용의 거의 10%를 절감할 수 있을 것으로 예상됩니다. 당신은 정말 회사의 자산입니다.

- **Your analysis of the situation is exactly right. By implementing the changes you suggest, we should be able to count on almost seven extra hours of productive time each week.**

  제시해 주신 상황 분석은 정확히 맞습니다. 제안하신 변경 사항을 구현하면 매주 거의 7시간의 추가 생산 시간을 확보할 수 있을 것입니다.

제안을 거절할 경우에는, 제안 자체는 좋지만 사정상 거절한다는 의사를 명확히 표현하고 거절 사유를 밝히는 것이 좋다.

- **Thank you for your suggestions for improving our catalogue. Some of your recommendations were excellent. We are unable to incorporate your ideas at this moment because we only update the catalogue on an annual basis. I'll save these till our next revision. We value our devoted customers' feedback and ideas.**

  카탈로그 개선에 대한 제안에 감사드립니다. 제안 주신 내용 중 일부는 훌륭합니다. 아쉽게도 카탈로그를 매년 업데이트하기 때문에 지금 당장 이 아이디어를 반영할 수는 없습니다. 다음 업데이트 시기까지 이 부분들을 간직해 두겠습니다. 저희 회사는 제품을 사랑해 주시는 고객분들의 피드백과 아이디어를 중요하게 생각합니다.

- We do not currently have the money to hire extra personnel, as you proposed; but, we are going to train some of our interns as marketing researchers so that they may fill in during peak hours.

  현재로서는 제안하신 대로 추가 인력을 채용할 여력이 없지만, 일부 인턴을 마케팅 조사원으로 양성하여 피크 시간대에 인력을 충원할 수 있도록 할 계획입니다.

- Your proposal would shorten the complaint procedure in half. However, after discussing with our legal department, we determined that a shorter method could expose us to disputes from employees whose concerns were not properly addressed.

  제안 주신 내용은 불만 처리 절차를 절반으로 단축할 수 있습니다. 하지만 법무팀과 논의한 결과, 이러한 단축된 방식으로는 우려 사항이 제대로 해결되지 않은 직원들이 불만을 토로할 수 있다고 판단했습니다.

- We greatly appreciate your suggestion. Your idea has a lot of potential. However, financial constraints restrict us from implementing additional procedures at this time. Nonetheless, we will keep your suggestion in mind for when we are better positioned to make such changes.

  제안에 대해 대단히 감사합니다. 고객님의 아이디어는 많은 잠재력을 가지고 있습니다. 하지만 재정적인 제약으로 인해 현재로서는 추가 절차를 시행할 수 없습니다. 그러나 이러한 변경을 시행할 수 있는 여건이 마련될 때 고객님의 제안을 고려하도록 하겠습니다.

- The conference looks interesting. However, I regret to inform you that we won't be able to join the event this time because we have a scheduling conflict. I look forward to watching the video clip afterward.

  컨퍼런스가 흥미로워 보입니다. 하지만 일정이 겹쳐서 이번에는 참석할 수 없음을 알려 드리게 되어 유감스럽게 생각합니다. 나중에 영상을 시청할 수 있기를 기대합니다.

- I won't be able to attend the meeting, but I will read the notes. 회의에는 참석하지 못하지만 메모는 읽어 보겠습니다.

❹ 마무리는 감사와 함께

마지막으로 제안 수락 여부와 상관 없이, 좋은 제안을 해 준 것에 다시 한번 감사하면서 이메일을 마무리하자.

- I will not soon forget your contributions to the company. Thank you for suggesting such a wonderful idea.

  회사에 대한 기여를 잊지 않겠습니다. 훌륭한 아이디어를 제안해 주셔서 감사합니다.

- We take letters from our customers as welcome evidence of their loyalty and interest. Thank you for taking the time to let us hear how we can better serve you.

  저희는 고객의 편지를 충성도와 관심을 나타내는 반가운 증거로 받아들입니다. 시간을 내어 저희가 고객님께 더 나은 서비스를 제공할 수 있는 방법을 알려 주셔서 감사합니다.

- Thank you for suggesting that we offer our products to store franchises in your country. We appreciate hearing how much you like our products and hope you will continue to enjoy them. While we do not have plans to expand into another country yet, your letter encourages us to explore the possibility for the future.

  고객님의 국가에 있는 매장 프랜차이즈에 당사 제품을 제공할 것을 제안해 주셔서 감사합니다. 저희 제품을 좋아해 주셔서 감사드리며 앞으로도 계속 즐겨 주시길 바랍니다. 아직 다른 국가로 확장할 계획은 없지만, 고객님의 편지를 통해 향후 가능성을 모색할 수 있게 되었습니다.

실전 비즈니스 영어 이메일

05

절충안을
제시하고
타협할 때

　　연애할 때를 생각해 보자. 즐겁고 행복하지만 때로는 여자친구나 남자친구에게 화가 나거나 감정이 격해져 싸우는 일도 생긴다. 개인적으로 싸우거나 기분이 나쁠 때의 행동 원칙이 있는데, 일단 만나서 얼굴을 보면서 대화한다는 것이다. 문자나 전화로 싸울 때는 그 사람의 얼굴 표정을 알 수 없어서 오해하고 상황이 더 악화되는 경우가 있다.

　　협상도 일종의 갈등을 해결하는 상황이다. 협상을 할 때 가장 좋은 것은 직접 만나서 하는 것이다. 어떤 제안에 대해서 절충안을 제시하거나 타협하는 상황을 생각해 보자. 얼굴을 보고 분위기를 파악하면서 해도 쉽지 않은데, 이메일로 협상을 진행해야 하는 경우에는 더욱 어렵다.

　　이메일이 효율을 추구한다고 해서 모든 메일에 빨리 대답할 필요는 없다. 특히 중요한 메일은 오히려 시간이 걸리더라도 성심성의껏 응답하는 것이 더 나을 수 있다.

　　상대방의 제안을 수락하기 어렵다면 이유를 설명하고 진행 사항을 알리자. 공동의 이익을 추구할 수 있는 방향을 제시한다(혹은 별도의 추가 논의를 제안하자). 가능하다면 새로운 제안이나 회사 전략에 따라 조정이 가능하다는 점을 명확하게 하자.

- **Although I believe your suggestion should be put into practice, I have no authority to make that decision. Let me forward your idea to the manager.**

  제안하신 것을 실행에 옮기는 것이 좋겠다고 생각되지만, 저에게는 그러한 결정을 내릴 권한이 없습니다. 관리자에게 아이디어를 전달하겠습니다.

- **I understand your budget constraints, and I'm willing to discuss ways to adjust our pricing to better align with your financial expectations.**

  그쪽 예산에 제약이 있는 것을 이해합니다. 귀사의 재정적 기대에 더 잘 부합하도록 가격을 조정하는 방법을 논의할 의향이 있습니다.

- **Could we explore the possibility of extending the project timeline to reduce costs while still achieving our objectives?**

  비용을 절감하면서도 목표를 달성할 수 있도록 프로젝트 일정을 연장하는 가능성을 검토해 볼까요?

- **I propose a compromise where we increase the order quantity in exchange for a slightly lower unit price.**

  단가를 약간 낮추는 대신 주문 수량을 늘리는 타협안을 제안합니다.

- **I appreciate your concern about the warranty period. Let's negotiate the terms to find a solution that provides you with peace of mind.**

  보증 기간에 대해 우려하시는 것을 충분히 이해합니다. 안심하실 수 있는 해결책을 찾기 위해 조건을 협상해 보죠.

- **Would it be possible to revise the project milestones to allow for more frequent check-ins and adjustments?**

  더 자주 점검 및 조정할 수 있도록 프로젝트 이정표를 수정할 수 있을까요?

- **I'm open to considering alternative ways that better reflect the value we bring to the partnership.**

  우리가 파트너십에 가져올 가치를 더 잘 반영하는 방법을 고려할 의향이 있습니다.

실전 비즈니스 영어 이메일

✉   — ↙ ✕

Software Licensing Proposal 소프트웨어 라이선스 제안

Dear Mr. Johnson,

I hope this email finds you well. My name is Emily Smith, and I serve as the IT Manager at XYZ Solutions. 이 이메일이 잘 전달되기를 바랍니다. 제 이름은 에밀리 스미스이고 XYZ 솔루션의 IT 관리자로 근무하고 있습니다.

I would like to propose a software licensing agreement that I believe can greatly benefit ABC Enterprises. Our software, known as "TechPro Suite," is a comprehensive solution designed to enhance productivity and streamline IT operations.
ABC 엔터프라이즈에 큰 도움이 될 수 있는 소프트웨어 라이선스 계약을 제안하고자 합니다. 'TechPro Suite'로 알려진 저희 소프트웨어는 생산성을 향상하고 IT 운영을 간소화하도록 설계된 종합 솔루션입니다.

Here is an overview of our proposal:

1. **License Duration**: You can choose from one, three, or five-year terms for the subscription-based license.
2. **Pricing**: I have attached a detailed pricing sheet outlining the cost of each licensing option. We are open to discussing volume discounts based on the number of licenses required.

제안의 개요는 다음과 같습니다:
1. **라이선스 기간**: 구독 기반 라이선스의 경우 1년, 3년 또는 5년 기간 중에서 선택할 수 있습니다.
2. **가격**: 각 라이선스 옵션의 비용을 요약한 자세한 가격표를 첨부했습니다. 필요한 라이선스 수에 따라 대량 할인에 대해 논의할 수 있습니다.

Please feel free to reach out to me to discuss this proposal further or to arrange a demonstration of our software.
이 제안에 대해 더 자세히 논의하거나 소프트웨어 실연 기회를 원하시면 저에게 연락 주시기 바랍니다.

Thank you for considering our offer, and I look forward to the possibility of collaborating with ABC Enterprises.
저희의 제안을 검토해 주셔서 감사드리며, ABC 엔터프라이즈와 협업할 수 있기를 기대합니다.

Warm regards,
Emily Smith

Re: Software Licensing Proposal Re: 소프트웨어 라이선스 제안

Dear Emily,

I appreciate your proposal for TechPro Suite. Upon reviewing the proposal, I find the software to be aligned with our operational requirements. However, I would like to discuss certain aspects, particularly regarding pricing, to ensure the best fit for our organization.

TechPro Suite에 대한 제안에 감사드립니다. 제안서를 검토한 결과, 소프트웨어가 저희의 운영 요구 사항에 부합하는 것으로 보입니다. 하지만 우리 조직에 가장 적합하도록 특히 가격과 관련된 몇 가지 측면에 대해 논의하고 싶습니다.

1. **License Duration**: I am interested in a long-term partnership with your company. Can we explore extended contract durations that may result in more favorable terms for both parties?

2. **Pricing**: While the pricing appears reasonable, I believe we can explore options for volume discounts based on our anticipated usage. Could we discuss a more tailored pricing structure that accounts for the scale of our deployment?

1. **라이선스 기간**: 귀사와의 장기 파트너십에 관심이 있습니다. 양측 모두에게 더 유리한 조건으로 계약 기간을 연장할 수 있을까요?

2. **가격**: 가격이 합리적으로 보이지만 예상 사용량에 따라 대량 할인 옵션을 살펴볼 수 있을 것 같습니다. 배포 규모를 고려한 맞춤형 가격 구조에 대해 논의할 수 있을까요?

Thank you once again for considering ABC Enterprises as a potential client for TechPro Suite.

ABC 엔터프라이즈를 TechPro Suite의 잠재 고객으로 고려해 주셔서 다시 한번 감사드립니다.

Best regards,
Bill Johnson

06

채용 제안에 답하기: 수락과 거절

수락은 슬기롭게

마음에 드는 회사에 지원한 당신, 합격 통지를 받았다. 인사부에서 연봉 등 조건을 협의하자는 메일을 보내 왔다. 너무 신나서 묻지도 따지지도 않고 "Thank you so much! I am happy to accept the offer!"라는 답장을 보내려 한다면, 잠시만!

채용 제안을 어떻게 하면 슬기롭게, 그리고 프로페셔널하게 수락할 수 있을까? 회사를 7군데나 다닌 전직 프로 이직러였던 개인적인 경험을 바탕으로 이메일로 채용 제안을 수락하면서 협상하는 법을 공개한다.

지원자는 대부분 전화로 합격 소식을 먼저 듣는다. 이후에 공식적으로 인사 팀에서 조건을 제안하는 채용 제안서offer letter를 받는다. 반드시 채용 조건과 제안한 내용을 이메일로 받자. 구두로 합의한 내용은 나중에 확인이 어렵고, 조건이 달라질 수도 있기 때문이다.

채용 제안서에 제시된 채용 조건을 잘 읽어 보고, 숙고할 시간을 확보하자.

합격한 사실에 흥분해서 덥석 채용 제안을 수락하지 말자. 인사팀 입장에서는 당신을 가장 저렴하게 고용하고 싶을 것이다. 따라서 채용 제안서를 자세히 읽어 보고 당신이 원하는 조건인지 살펴보라. 정말 들어가고 싶은 회사에서 원하는 자리를 제안받아 곧장 수락해 버리고는, 재직 기간 내내 아쉬워하면서 후회하는 경우를 많이 봤다. 칼자루는 당신이 쥐고 있다. 제대로 채용 제안을 음미하라!

관련해서 추가적인 질문(연봉에 성과급이 포함되어 있는지, 입사 보너스로 회사 주식을 받을 수 있는지 등)이 있다면 물어보자.

〈채용 조건을 수락하기 전에 질문하면 좋을 것들〉

• **Is the salary negotiable?** 연봉 협상이 가능한가요?

• **How many days of annual leave will I receive?**

연차가 며칠인가요?

• **When do you need a decision?** 결정을 언제까지 내려야 하나요?

• **What benefits are included in the package?**

연봉 패키지에 어떤 혜택이 포함되어 있나요?

다음은 채용 조건에 대한 협상이다. 아쉬운 점이 있다면, 바꿀 여지가 있는지 물어보라. 이미 합격을 했으니, 당신이 협상을 시작한다고 그 자리가 사라지는 것은 아니다. 최선을 다해서 조건을 꼼꼼하게 따져 보고 협상할 것. 이직을 하면 연봉이 살짝 오를 수는 있겠지만, 연봉을 50%, 100% 올려 달라는 터무니없는 요구는 받아들이기 어렵다. 다만, 사이닝 보너스signing bonus나 한글 직함 등은 협상할 만하니 시도해 보자.

꼼꼼하게 검토를 마쳤다면, 정중하게 이메일로 회신할 차례다. 잘 구성된 수락 이메일을 쓰는 것은 새로 입사할 회사는 물론이고, 당신과 함께 일할 미래의 동료들에게 당신이 준비되어 있고 프로페셔널하다는 느낌을 줄 수 있기 때문에 일석이조다.

최근에는 도큐사인DocuSign 등을 통해 공식적인 이메일 외에 협의한 내용이 바로 전자 서명을 통해 공식화되기도 하기 때문에 굳이 아래와 같이 아주 디테일하게 쓰지 않는 경향이지만, 알고 안 쓰는 것과 몰라서 못 쓰는 것은 분명 다르기에 알아 두자. 이메일 양식은 다음과 같다.

❶ 제목에 수락 여부를 포함하자
제목에 이름과 채용 수락 여부를 한눈에 들어오게 쓰자.

> • **Job offer acceptance email - [your name]**
> 채용 제안 수락 이메일 – [이름]
>
> • **[your name] - Job offer acceptance** [이름] – 채용 제안 수락

❷ 감사하며 시작하자
채용을 제안하고 함께 일할 기회를 준 것에 대한 감사를 표하자.

> • **Thank you for offering me the [name of position] position at [company name].** [회사명]의 [직책명] 자리를 제안해 주셔서 감사합니다.
>
> • **Thank you for trusting me with the [name of position] position at [company name].**
> [회사명]의 [직책명] 직책을 저에게 맡겨 주셔서 감사합니다.

❸ 채용 제안에 대한 공식 수락

감사 인사 후에는, 채용 제안을 공식적으로 수락한다는 문장을 쓰자.

- **I am delighted to officially accept your job offer and to become a part of the team.**
  채용 제안을 공식적으로 수락하고 팀의 일원이 되는 것을 기쁘게 생각합니다.

- **I am delighted to officially accept the position.**
  이 직책을 공식적으로 수락하게 되어 기쁩니다.

❹ 세부 사항 점검

급여 및 기타 혜택에 대해 확인한다(대개 미리 전화를 통해 협의한 내용을 컨펌한다). 이 내용은 나중에 계약서로 받기도 하니 굳이 쓰지 않아도 되고, 이중으로 확인하고 싶을 때만 쓰자.

- **As agreed, two training courses are part of my salary package.**
  합의했듯이, 제 연봉 패키지에 두 개의 교육 과정이 포함됩니다.

- **As we agreed over the phone, my starting salary will be $50,000 annually with one month of paid vacation. I understand that I will be paying my health insurance plan from my salary.**
  전화로 합의한 대로 제 초봉은 연간 $50,000이며 1개월의 유급 휴가가 제공됩니다. 본인은 급여에서 건강 보험료를 납부한다는 것을 이해합니다.

❺ 근무 시작일 확인하기

- **I am confirming my starting date will be on June 11, 2023.** 근무 시작일이 2023년 6월 11일임을 확인합니다.

- **I confirm my starting date is next Tuesday, January 5.**
  근무 시작일이 다음 주 화요일인 1월 5일임을 확인합니다.

- **I am confirming that my starting date will be in two weeks on Monday the 23rd.**
  근무 시작일이 2주 후인 23일 월요일임을 확인합니다.

❻ 기대감을 나타내면서 이메일을 마무리하기

- **If anything else is required of me, please let me know. I look forward to working with you soon.**
  필요한 것이 있으면 알려 주세요. 곧 함께 일할 수 있기를 기대합니다.

- **I am looking forward to starting my first day.**
  첫 출근이 기대됩니다.

- **I am looking forward to starting my new role.**
  새로운 역할을 시작하게 되어 기대됩니다.

- **I am looking forward to working alongside you!**
  함께 일할 날이 기대됩니다!

- **I am looking forward to becoming part of the team!**
  팀의 일원이 되기를 기대하고 있습니다!

[Job offer acceptance] Danielle Chong - PR manager

[채용 제안 수락] 대니엘 정 – 홍보 관리자

Dear Ms. Musk,

Thank you for your offer of the position of PR manager at OOO International. I am delighted to formally accept the offer, and I am very much looking forward to joining the team.

OOO 인터내셔널의 홍보 매니저 자리를 제안해 주셔서 감사합니다. 공식적으로 제안을 수락하게 되어 기쁘게 생각하며 팀에 합류하게 되어 매우 기대가 됩니다.

I can confirm that my starting date of employment will be March 3. If there is any additional information you need prior to this date, please let me know.

근무 시작일은 3월 3일임을 확인드립니다. 이 날짜 이전에 필요한 추가 정보가 있으면 알려 주시기 바랍니다.

Once again, thank you very much for the opportunity, and I look forward to working with you.

다시 한번 기회를 주셔서 정말 감사드리며, 함께 일할 것을 기대합니다.

Kind regards,
Danielle

Dear Joelle,

I am writing to formally accept your offer of the position of sales lead at OOO. I am very grateful for the opportunity and delighted to be joining the company.

OOO의 영업 책임자 직책 제안을 공식적으로 수락하기 위해 메일을 드립니다. 기회를 주셔서 매우 감사드리며 회사에 합류하게 되어 기쁩니다.

As discussed over the phone, my base salary will be $OOO, and I will also receive 10 days of annual leave and private health insurance.

전화로 논의한 바와 같이, 저의 기본급은 OOO달러이며, 10일의 연차와 개인 의료 보험도 받게 됩니다.

I will be able to start work on November 16. If there is any additional information or paperwork you need me to complete prior to then, please do let me know.

저는 11월 16일에 업무를 시작할 수 있습니다. 그 전에 완료해야 할 추가 정보나 서류가 있으면 알려 주세요.

Thank you very much for this opportunity.

이런 기회를 주셔서 정말 감사합니다.

Yours sincerely,

John

다시 한번 오타가 없는지 확인하고 이메일을 전송하자. 새 직장에서의 첫날을 기대하면서!

거절은 세련되게

당신은 여러 번의 인터뷰를 통과해 가고 싶은 회사에 붙었다. 그런데 현재 다니고 있는 회사가 당신을 붙잡는다. 당신이 회사에 꼭 필요한 인재라며 연봉 인상을 제안하고 직급까지 올려 주겠다고 한다.

당신의 친구 A. 회사 생활이 답답해 새로운 기회를 찾아 여러 회사 면접을 보고 그중 한 군데서 합격 소식을 받았다. 그런데 제안받은 연봉을 따져 보니 지금 다니는 회사와 별반 차이가 없다. 새로운 환경에 적응해서 스트레스를 받을 생각을 하니 이 정도 임금 인상으로 회사를 옮긴다는 건 아닌 것 같다. 다시 협상을 해 보았지만 생각보다 인상률이 크지 않다.

사람들은 다양한 이유로 회사를 떠나고, 또 그만큼 다양한 이유로 회사에 남는다. 시장 조사 기관 가트너^{Gartner}가 2021년 진행한 설문에 따르면, 지난 1년 간 직장인의 50% 정도가 두 군데 이상의 회사에서 채용 제안을 받았다고 한다. 따라서 당신이 채용 제안 거절을 고민하는 것은 자연스러운 일이다.

채용 제안은 누구나 거절할 수 있지만, 모두가 노련하고 세련되게 거절하는 것은 아니다. 만약 당신의 성의 없는 태도가 이메일에 묻어 나온다면 당신이 거절한 회사에 나중에라도 입사할 기회는 없을 것이다. 세상은 생각보다 좁아서 인사 담당자나 헤드헌터와 다시 마주칠 일이 생기기도 한다. 따라서 거절도 센스 있게 해야 한다.

나 역시 A 회사에 합격했을 때 다른 B 회사에서도 오퍼를 받은 적이 있다. A 회사로 이미 마음이 기울었지만, B 회사도 좋은 회사였기 때문에 나중을 생각해서 아주 정중하고 공손하게 거절 메일을 썼다. 혹시 모르니까. 그럼 세련되게 채용 제안을 거절하는 법을 알아보자.

실전 비즈니스 영어 이메일

❶ 질질 끌지 말자: 마음을 정했다면 바로 알릴 것

채용 제안까지 받은 상태에서 거절하는 것은 쉽지 않다. 하지만 너무 미안해하지는 말자. 채용 담당자는 누구나 거절할 수 있다는 가능성을 인지하고 있다. 그들을 돕는 방법은 따로 있다. 마음을 굳혔다면 바로 담당자에게 알리는 것이다. 빠른 거절은 다른 사람을 새롭게 찾을 수 있는 시간을 준다. 채용 과정에서 채용 담당자와 대면으로 만난 적이 있다면 전화로 알리는 것도 좋은 방법이다. 이메일은 딱딱하게 느껴질 수 있는데, 전화는 좀 더 인간적인 느낌을 주니까.

❷ 감사하자: 호의에 예의 바르게 감사를 표할 것

인터뷰를 위해 시간을 내고 기회를 준 채용 담당자나 관계자에게 감사의 마음을 표하자.

> • **Thank you very much for offering me the opportunity.**
>   기회를 제안해 주셔서 감사합니다.
>
> • **Thank you for your generous offer and the opportunity to work at [company name] as [position].**
>   [회사명]에서 [직책]으로 일할 기회를 너그럽게 제안해 주셔서 감사합니다.

❸ 거절의 이유를 밝히자: 간단하고 명확하게

솔직하게 밝혀도 되는 사유(급여가 만족스럽지 않다, 다른 회사에서 더 좋은 제안을 받았다, 검토해 보니 아직은 이직할 때가 아닌 것 같다)는 밝히자. 다만, 그 회사를 비방하거나 굳이 알릴 필요 없는 부정적 사유(알고 보니 조직 문화가 너무 폐쇄적

이더라, 회사의 미래가 불투명한 것 같다)는 언급하지 않는 게 좋다. 일반적인 사유로 간결하게 당신의 결정을 알리자. 당신은 그 회사에 가지 않을 뿐이지 채용담당자를 적으로 만들려는 것은 아니니까.

- **After careful consideration, I've accepted a position at another company.** 신중한 고려 끝에 다른 회사의 직책을 수락했습니다.

- **After much consideration, I've decided to decline your job offer to focus on roles that are more in line with my current career goals.**
많은 고민 끝에 현재 경력 목표에 더 부합하는 역할에 집중하기 위해 귀사의 채용 제안을 거절하기로 결정했습니다.

- **I sincerely appreciate you taking the time with me. But I have to decline this job offer as the salary is too far outside my expectations to leave my current position.**
저를 위해 시간을 내 주셔서 진심으로 감사드립니다. 하지만 현재 직장을 그만두기에는 급여가 제 기대치를 너무 벗어나기 때문에 이 채용 제안을 거절해야겠습니다.

- **While this position seems like a great opportunity, I've decided that now is not the best time to leave my current position.** 이 자리가 좋은 기회인 것 같지만, 지금이 현재 직장을 떠나기에 가장 좋은 시기가 아니라고 판단했습니다.

- **After careful consideration, I have come to a difficult decision. Unfortunately, I have to decline this opportunity at this time. I've received a better offer that I can't refuse.** 신중한 고민 끝에 어려운 결정을 내렸습니다. 안타깝게도 지금은 이 기회를 거절해야겠습니다. 거절할 수 없는 더 좋은 제안을 받았습니다.

❹ 마무리는 긍정적으로 아름답게!

아름다운 마무리는 다른 기회를 향한 문을 열어 두는 것과 같다. 그러니 끝까지 긍정적으로 마무리하자. 이 과정을 나의 네트워크를 넓힐 기회로 만들자.

실전 비즈니스 영어 이메일

- Again, I sincerely appreciate you taking the time to interview me and offering me this role. I wish you all the best in finding someone suitable for the position. It's been a pleasure getting to know you, and I hope that we cross paths in the future.

  다시 한번 시간을 내어 저를 인터뷰하고 이 직책을 제안해 주셔서 진심으로 감사드립니다. 이 직책에 적합한 사람을 찾는 일이 순조롭게 되시기를 바랍니다. 만나 뵙게 되어 반가웠고 앞으로도 좋은 만남이 이어지길 바랍니다.

- I would like to express my gratitude for the opportunity. I wish you all the best in finding someone suitable for this position.

  기회에 대해 감사의 말씀을 드립니다. 이 직책에 적합한 사람을 찾으시기를 바랍니다.

- I sincerely appreciate the offer and want to express my gratitude for the chance to meet your team. I wish you all the best in finding the right candidate for the role.

  제안에 진심으로 감사드리며 귀 부서를 만날 수 있었던 기회에 감사드립니다. 이 역할에 적합한 후보자를 찾으시길 바랍니다.

| 예시 1 |

Dear Ms. Sein,

I want to thank you for offering me the position of administrative assistant at your company.

귀사의 행정 보조 직책을 제안해 주셔서 감사합니다.

Unfortunately, I have to decline the offer. After long consideration, I have decided to accept another position that is more compatible with my career plan.

안타깝게도 제안을 거절해야겠습니다. 오랜 고민 끝에 제 경력 계획에 더 부합하는 다른 직책을 수락하기로 결정했습니다.

I'd like to thank you again for the time and consideration, and I hope our paths cross again. Your company still remains one of the places I'd love to work at in the future.

시간과 배려에 다시 한번 감사드리며, 인연이 이어지기를 바랍니다. 귀사는 여전히 제가 앞으로 일하고 싶은 회사 중 하나입니다.

Sincerely,
Danielle

| 예시 2 |

Dear Mr. Chung,

Thank you so much for giving me the opportunity to work as a software engineer at your company.

귀사에서 소프트웨어 엔지니어로 일할 수 있는 기회를 주셔서 정말 감사합니다.

Sadly, I have to decline. I believe the position does not fit my career goals.

안타깝게도 거절해야겠습니다. 이 자리가 제 경력 목표에 맞지 않는다고 생각합니다.

Once again, thank you for the offer and consideration. I wish you all the best.

다시 한번 제안과 배려에 감사드립니다. 건승을 기원합니다.

Sincerely,
John Doe

| 예시 3 |

Dear Mr. Craig,

I greatly appreciate your offer of the sales manager position. I enjoyed learning about your company and meeting your staff last week.

영업 관리자 직책을 제안해 주셔서 대단히 감사합니다. 지난주에 귀사에 대해 배우고 직원들을 만나서 즐거웠습니다.

However, I regret to let you know that I must decline the offer. I fully understand that as a new business, your budget is tight and cannot meet the compensation I am looking for.

하지만 제안을 거절해야 한다고 말씀드리게 되어 유감입니다. 신생 기업으로서 귀사의 예산이 빠듯하여 제가 원하는 보상을 맞춰 주실 수 없다는 것을 충분히 이해합니다.

I wish you the best in finding the right sales manager, and I hope we cross paths in the future again.

적합한 영업 관리자를 찾는 데 행운이 있으시길 바라며 나중에 다시 만날 수 있기를 바랍니다.

Sincerely,
Camila

가끔 링크트인을 통해서 채용 제안을 받곤 한다. 다음은 몇 년 전에 링크트인으로 글로벌 IT 회사의 채용 담당자와 주고받은 메시지 내용이다. 실제 링크트인으로 구인·구직 관련 영어 메시지 교환이 어떻게 이루어지는지에 대한 좋은 사례라서 공유한다.

이메일에서는 먼저 자신이 누구인지 소개하고(OO 회사의 채용 담당자), 어떤 직책으로 연락을 하게 되었는지에 대해 설명한다. 이때 누구나 다 아는 회사의 경우에는 이름만 밝히지만, 일반인들에게 이름이 익숙하지 않은 경우는 회사에 대한 소개를 덧붙이기도 한다. (예: "Leading industrial operations management business in the world(세계적인 산업 운영 관리 기업)", "top player in the global pharmaceutical sector(제약 분야 최고의 회사)") 내가 받은 메시지는 정식 이메일이 아니라, 회사와 배경을 설명하고 통화나 비디오로 좀 더 자세한 이야기를 나누자는 캐주얼한 메시지였다.

| 받은 메시지 |

Dear Danielle,

This is John from the OOO Recruitment Team. I am supporting our marketing organization for recruitment in Japan and Korea. With the growth of the Korean market, there are discussions at the leadership level regarding the kind of support that we need in Korea. We want to take the chance to connect with experienced professionals in the market such as yourself. Should you be interested in OOO and be open, it would be great to connect for an exploratory chat. I would be more than happy to share more details about OOO and possible opportunities. What is your availability like this week or next week? Please let me know when you can meet. Thank you, and I am looking forward to your reply.

OOO 채용팀의 존입니다. 저는 일본과 한국에서의 채용을 위해 마케팅 조직을 지원하고 있습니다. 한국 시장이 성장함에 따라 경영진 차원에서 한국에 필요한 지원 방식에 대해 논의하고 있습니다. 이번 기회를 통해 대니엘처럼 시장에서 경험이 풍부한 전문가와 소통할 수 있기를 바랍니다. OOO에 관심이 있고 마음이 열려 있으시다면, 탐색적인 대화를 나누기 위해 연결해 주시면 좋을 것 같습니다. OOO에 대한 자세한 내용과 가능한 기회를 기꺼이 공유해 드리겠습니다. 이번 주 또는 다음 주에 가능하신 시간이 어떻게 되나요? 언제 만날 수 있는지 알려 주세요. 감사합니다. 답변을 기다리겠습니다.

John Kim, Recruiter at OOO

Hello, John. It's great to hear from you. I'm interested in possible opportunities at OOO, but at the same time, I'm also satisfied with my current role. If this suits you, I would be happy to explore this opportunity. I'm available next Wednesday after 6:00 p.m. If possible, can you please share the JD◆? I'm looking forward to talking to you soon.

안녕하세요, 존. 연락을 받게 되어 반갑습니다. 저는 OOO에서 가능한 기회에 관심이 있지만 동시에 현재 역할에도 만족하고 있습니다. 괜찮으시다면 기꺼이 이 기회를 탐색해 보겠습니다. 다음 주 수요일 오후 6시 이후에 시간이 됩니다. 가능하다면 업무 기술서를 공유해 주실 수 있나요? 곧 만나 뵙기를 기대하겠습니다.

'I'm' 같은 줄임말을 쓰면 캐주얼해 보이고, 'I am'과 같이 풀어 쓰면 포멀해 보인다. 링크트인의 챗 메시지로 연락이 온 만큼, 좀 더 친절하고 다정해 보이고 싶다면 줄임말을 써도 좋다. 이메일로 인사팀과 직접 이야기를 할 때는 좀 더 공식적으로 예의를 차리는 것도 좋지만, 처음에 담당자가 다정하고 캐주얼하게 챗을 보냈으니 이 정도로 답변하는 것이 좋다. 보낸 사람의 톤에 맞추자.

◆ 'JD'는 'job description'의 줄임말로 어떤 직무에 대해서 설명하는 업무 기술서다. 회사마다 양식이 다르지만, 대개 아래의 5가지 조건을 자세하게 기술해 두어서 어떤 직무이고 어느 정도의 경력이 필요한지 등을 파악할 수 있는 중요한 문서이다.
❶ Position(직책)
❷ Job Description(직무 소개)
❸ Qualification(필요 요건)
❹ Education & Experiences(학력과 경험)
❺ Additional Requirements(추가적인 필요 사항)

Hi Danielle,

Thank you for your reply. It would certainly be great to connect. Regarding the chat, how about connecting on Wednesday (7/6) at 19:00 KST? Please let me know your preferences and the relevant contact details. Thank you again, and I look forward to your reply. John.

안녕하세요 대니엘,
답변해 주셔서 감사합니다. 연결되면 정말 좋겠습니다. 채팅과 관련하여 수요일(7/6) 19시(한국 시간 기준)에 연결해 주시면 어떨까요? 선호하시는 시간대와 연락 관련 디테일을 알려 주시기 바랍니다. 다시 한번 감사드리며 답변 기다리겠습니다. 존.

시간을 컨펌하고 줌 링크를 보냈더니 다음과 같이 답장이 왔다.

Hi Danielle,

Thank you for the confirmation and the Zoom link. I am looking forward to talking to you on Wednesday.

안녕하세요 대니엘,
확인 메일과 줌 링크를 보내 주셔서 감사합니다. 수요일에 뵙기를 기대하겠습니다.

"I am looking forward to talking to you soon."은 곧 만나자는 의미로 시간이 정해지지 않았을 때 쓰지만, 이미 미팅 시간이 정해졌다면 "I am looking forward to talking to you on Wednesday."와 같이 구체적인 시간 표현을 한 번 더 써 주는 것이 좋다. 만약 다음 미팅이 안 잡혔다면 아래와 같은 답변을 남기는 것도 좋다.

- **Hopefully, speak to you again soon.**

  곧 다시 말씀 나누기를 바랍니다.

- **Hopefully, we'll have the opportunity to connect again in the future. Take care!**

  나중에 다시 연락할 수 있는 기회가 있기를 바랍니다. 잘 지내세요!

존과 채팅을 한 후, 고민 끝에 다음과 같이 채용 제안을 거절한다는 메시지를 보냈다. '친절하게 설명해 주고 응대해 줘서 고맙지만 나는 아직 이직할 준비가 되어 있지 않다, 하지만 다음에 좋은 기회가 생긴다면 도전하고 싶다'는 취지로. 앞으로 또 있을지도 모를 기회를 열어 두는 것이 중요하다.

| 거절 메시지 |

Hi John,

Thank you kindly for the explanation. I've thought about the position over and over, and I agree that it's a great opportunity, but I regret to inform you that I'm very satisfied with my current role at ×××. So I've decided not to explore this opportunity any further. However, I admire OOO, and if there is another opportunity in the future, I would be happy to explore it again. Thanks again for your patience and generosity. Have a great week.

안녕하세요 존,

친절하게 설명해 주셔서 감사합니다. 이 직책에 대해 몇 번이고 생각해 봤고, 좋은 기회라는 점에는 동의하지만 현재 ×××에서의 역할에 매우 만족하고 있음을 알려 드리게 되어 유감입니다. 그래서 저는 이 기회를 더 이상 탐색하지 않기로 결정했습니다. 하지만 저는 OOO를 아주 좋게 생각하고 있고, 향후에 또 다른 기회가 있다면 기꺼이 검토해 보겠습니다. 인내심과 관대함에 다시 한번 감사드립니다. 좋은 한 주 되세요.

07

항의에
효과적으로
대처하기

당신이 글로벌 세일즈 담당이고, 이메일을 통해서 고객의 불만 사항을 처리해야 한다고 생각해 보자. 항상 좋은 말만 듣고 싶고, 칭찬만 받고 싶은 게 사람 마음이다. 고객의 항의 메일이 당신의 기분을 망치고 생산성을 떨어뜨릴 수도 있다. 스트레스가 밀려온다. 그 감정에서 빠져나와서 항의에 효과적으로 대응하는 이메일 작성법을 알아보자.

항의 메일에 답변하는 것은 쉽지 않다. 고객이 어떤 사람인지 파악하기도 어렵고, 대화를 통해 고객을 달래기도 어렵기 때문이다. 고객은 이메일로만 당신을 판단할 수밖에 없다. 그러니 상대방을 진심으로 걱정하는 책임감 있는 태도가 스며 있는 이메일이 필요하다. 간결하지만 정성껏 답을 쓰는 것이 좋다. 아래의 프로세스를 따라 이메일을 작성해 보자.

❶ 항의 메일이 접수된 사실을 알린다

고객이 제기한 불만 사항이 잘 접수되었다는 사실을 알려 주는 것이 첫 단추이다. 이메일을 받은 즉시 불만 사항에 대해 조치를 취하고 있음을 알리는 것이 좋다.

- **Thank you for your email. We are sorry that we mixed up your order.** 이메일을 보내 주셔서 감사합니다. 주문이 혼동되어 죄송합니다.

- **Thanks so much for reaching out and letting us know.**
  연락해 주시고 문제를 알려 주셔서 정말 감사합니다.

- **We received your email that your order has not arrived. I am the person in charge, and I am looking into your case at the moment.**
  주문하신 물건이 도착하지 않았다는 이메일을 받았습니다. 제가 담당자이고 현재 사례를 조사하고 있습니다.

- **The Legal Department forwarded your email to me to check up on the request that you made.**
  법무팀에서 고객님의 요청을 확인하기 위해 보내 주신 이메일을 저에게 전달했습니다.

❷ 공감하라

영어로 '공감'은 'empathy'다. 마셜 로젠버그Marshall Rosenberg의 저서 『비폭력 대화Nonviolent Communication』에 따르면 공감은 "우리의 마음을 비우고 온전히 듣는 것(emptying our minds and listening with our whole being)"이다.♦ 단순히 "죄송합니다"라고 하기 전에, 고객이나 상대방이 겪은 일에 대해 유감을 표하고, 고객의 심정을 이해한다고 말해 주자. 이것은 상대방에게 당신이 관심을 가지고 있고, 문제 해결을 위해 노력할 자세가 되어 있다는 것을 보여 준다. "정말 기분 상하셨을 것 같아요.(That must have been terrible.)"라고 그 사람의 상황

♦ Marshall Rosenberg, *Nonviolent Communication: A Language of Life*, PuddleDancer Press, 2015

에 진심으로 공감해 준다면 문제는 생각 외로 빨리 해결될 수 있다.

- **I am so sorry to learn that your order has not arrived. I understand how frustrating this must be.**

  주문하신 상품이 도착하지 않아서 정말 유감입니다. 얼마나 실망스러우실지 이해합니다.

- **I am very sorry to hear that your experience with our company has not met your expectations.**

  저희 회사에 대한 고객님의 경험이 기대에 미치지 못했다는 말씀에 정말 죄송합니다.

- **I know how frustrating this must be.**

  얼마나 실망스러우실지 잘 알고 있습니다.

- **I know a mistake like this can be very upsetting, especially at this time of the year.**

  이런 실수는 특히 일 년 중 이 시기에 매우 속상할 수 있다는 것을 잘 알고 있습니다.

- **I understand your frustration. Your email needed and deserved a timely response.**

  실망스러우신 점 이해합니다. 보내 주신 이메일은 제때에 응답이 필요했고 그래야만 했습니다.

❸ 감사를 표하라

한 조사에 따르면 불만을 품은 고객의 96%는 제품이나 서비스에 대한 불만을 회사에 절대로 토로하지 않는다고 한다. 적극적으로 항의를 하는 사람은 역설적으로 그 회사나 제품에 대한 애정이 있는 사람이다. 이 문제에 대해서 자세하게 알려 주셔서 감사하다는 내용을 포함하라. 감사는 고객의 분노를 멈추고 돌아볼 기회를 제공할 수 있다. 실제로, 고객의 불평 덕분에 그동안 인지하지 못했던 시스템이나 서비스의 문제를 발견할 수도 있다.

- **Thank you for taking the time to share that with me so I can make it right.** 문제를 바로잡을 수 있도록 시간을 내어 공유해 주셔서 감사합니다.

- **Thanks for bringing this issue to our attention.**
  이 문제를 알려 주셔서 감사합니다.

❹ 어떤 조치를 취할 것인지(혹은 이미 취했는지) 구체적으로 설명하라

단순히 "이 문제를 조속히 해결하겠습니다"라는 말로는 부족하다. 항의 메일을 받은 후 어떤 진척이 있었는지를 알려 주자. 이때 중요한 것은 상대방에게 무엇을 언제 어떻게 할지를 정확하게 알려 주는 것이다. 구체적인 절차나 방법을 확인하면 화난 마음을 누그러뜨릴 가능성이 커진다. 최대한 자세하고 명확하게 당신이 취할 행동을 공유하라. 대략의 예상 시간을 덧붙인다면 금상첨화.

- **Our team is already working actively to resolve the issue. I will notify you right away when it is fixed.** 저희 팀은 이미 이 문제를 해결하기 위해 적극적으로 노력하고 있습니다. 문제가 해결되면 바로 알려 드리겠습니다.

- **As you requested, I have updated your payment settings and alerted our website team to the problem you are having with your account management page. Please contact me directly if you experience any further problems on the site.**
  요청하신 대로 결제 설정을 업데이트하고 계정 관리 페이지에서 발생하는 문제에 대해 웹사이트 팀에 알렸습니다. 사이트에서 추가 문제가 발생하면 저에게 직접 연락해 주세요.

- **Once we noticed the issue, we put our team on it, and it was resolved within minutes.**
  문제를 발견한 후 저희 팀이 착수했으며 문제가 몇 분 안에 해결되었습니다.

- **I will be working on this ticket from start to finish, so you can respond to me directly with any follow up questions. How does that sound?**

  제가 이 티켓을 처음부터 끝까지 처리할 예정이므로 후속 질문이 있으시면 저에게 직접 보내 주세요. 어떠신지요? → 고객에게 앞으로 취할 조치에 대한 의견을 물어보는 것도 좋다.

❺ 고객의 화를 진정시켜라

가끔은 고객이 극도의 분노를 표현하는 경우도 있다. 이런 상황에서는 솔직하고 정직한 접근이 가장 효과적이다.

고객이 보낸 메일을 보고 화가 난다면 잠시 그 상황에서 떨어져 보는 것도 좋다. 바로 답장을 하지 말고 시간을 두자. 스스로에게 물어보라. '내가 여기서 원하는 것이 무엇인가? 고객의 화를 달래는 것인가, 향후 부정적인 브랜드 이미지를 개선하기 위한 것인가?' 내 마음이 평정을 찾은 후에 열린 마음으로 고객을 대하라. 그 사람의 입장에서 생각하고, 어떤 이유로 그렇게 화가 났는지 살펴라.

- **My deepest apologies for any inconvenience we have caused you.**

  불편을 끼쳐 드린 점 깊이 사과드립니다.

- **Customer satisfaction is our top priority, and I am truly sorry that wasn't demonstrated to you. While we'd love the opportunity to regain your trust, we understand how frustrated you must be.**

  고객 만족은 저희의 최우선 과제이며, 이를 보여 드리지 못해 진심으로 죄송합니다. 다시 신뢰를 회복할 수 있는 기회를 얻고 싶지만, 고객님께서 얼마나 실망하셨을지 잘 알고 있습니다.

❻ 해결책 외에 혜택을 제공하라

환불 또는 다음 구매 시 사용할 수 있는 할인이나 선물을 제공하는 것도 좋은 방법이다. 추가적인 불평이 나오기 전에 미리 대비할 수 있기 때문이다.

- **I have taken the liberty of refunding your subscription fee for this month.** 이번 달 구독료를 환불해 드리기로 결정했습니다.

- **We want to make this up to you. I was able to get your software fees for this and next month waived. I hope this in some part makes up for whatever loss your business incurred during the outage.**
  저희가 보상해 드리고 싶습니다. 이번 달과 다음 달에 대한 소프트웨어 요금을 면제해 드리겠습니다. 이번 조치로 중단 기간 동안 비즈니스에 발생한 손실이 어느 정도 보상되기를 바랍니다.

- **As a token of our appreciation for your feedback, we're pleased to offer you a free coupon for your next purchase.**
  피드백에 대한 감사의 표시로 다음 구매 시 사용하실 수 있는 무료 쿠폰을 기쁜 마음으로 제공해 드립니다.

❼ 마무리는 정중하게

다시 한번 정중하게 사과하거나 의견을 준 것에 대해 감사하면서 메일을 마무리한다. 이 이슈에 대해서 회사 차원에서 심각하고 중요하게 생각하고 있다는 것을 알리기 위해서 답장은 매니저manager 이상의 관리 책임자 이름으로 하는 것이 도움이 될 때도 있다. 우리 브랜드/회사는 고객을(당신을) 소중하게 생각한다는 것을 상기시키자.

- Once again, Ronan, I apologize for the inconvenience. We will continue to do everything we can to speed up and improve our customer service delivery. 로넌, 다시 한번 불편을 드려 최송합니다. 앞으로도 고객 서비스 제공 속도를 높이고 개선하기 위해 최선을 다하겠습니다.

- Thank you for taking the time to provide us with valuable feedback. 시간을 내어 소중한 의견을 보내 주셔서 감사합니다.

마지막으로 이런 이메일은 너무 오래 시간을 끌면 안 된다. 나의 마음을 가라앉힐 시간이 필요하고 어떤 내용을 쓸지에 대한 고민도 중요하지만, 고객이 오래 기다리지 않도록 최대한 신속하게 이메일을 보내자. 간혹 정중한 이메일이 단순히 고객 불만 해결을 넘어 분노하고 좌절한 고객을 만족스러운 고객으로 바꾸는 기적이 일어나기도 하니 최선을 다하자.

| 예시 1 |

Dear Peter,

I hope you had a good weekend.
First of all, I apologize for the item that was missing from your package.
I will immediately check with the packaging team and get back to you ASAP.

즐거운 주말 보내셨기를 바랍니다.
먼저, 패키지에서 누락된 품목에 대해 사과드립니다. 즉시 포장팀에 확인하여 최대한 빨리 다시 연락드리겠습니다.

Sincerely,
David
Head of Operations 운영 책임자

실전 비즈니스 영어 이메일

| 예시 2 |

Hi Kate,

Thanks for reaching out to us to inform us about this incident. You must be feeling really overwhelmed right now, and I understand that. I hope you accept my apology on behalf of the company.

이번 사건에 대해 알려 주셔서 감사합니다. 지금 정말 큰 충격을 받으셨을 텐데요. 충분히 이해합니다. 회사를 대신하여 제 사과를 받아 주시기 바랍니다.

I will immediately contact the Logistics Department to fix this problem as soon as possible. You will receive a heads-up as soon as the new product is sent to your address.

물류 부서에 즉시 연락하여 가능한 한 빨리 이 문제를 해결하도록 하겠습니다. 새 제품이 고객님 주소로 발송되는 대로 다시 알려 드리겠습니다.

I hope this incident won't kill your trust in our brand. As an apology, let me give you a 40% discount on the next purchase you make at our online store.

이번 일로 인해 저희 브랜드에 대한 신뢰가 깨지지 않기를 바랍니다. 사과의 의미로 다음 번 온라인 스토어에서 구매하실 때 40% 할인 혜택을 드리도록 하겠습니다.

Best regards,
Danielle
Distribution manager 배송 관리자

| 예시 3 |

Dear James,

Thank you for your email. We take customer satisfaction seriously and are glad to hear from you.

이메일을 보내 주셔서 감사합니다. 저희는 고객 만족을 중요하게 생각하며 의견을 들을 수 있어서 기쁘게 생각합니다.

First, I would like to apologize for the frustration you've been experiencing recently. I want you to know that we appreciate your feedback. It will allow us to resolve any problems that occur and help us improve our services.

먼저, 최근 불편을 겪으신 점에 대해 사과드립니다. 피드백을 보내 주셔서 감사하다는 말씀을 드립니다. 피드백을 통해 발생하는 문제를 해결하고 서비스를 개선하는 데 도움이 됩니다.

We're proud that you've selected our company as your service provider for the last four years, and we'd like the opportunity to resolve your concerns and earn your continued trust.

지난 4년간 저희를 서비스 제공업체로 선택해 주신 것에 대해 자랑스럽게 생각하며, 앞으로도 고객님의 우려를 해결하고 지속적인 신뢰를 얻을 수 있는 기회를 갖고자 합니다.

To help us route your complaint to the appropriate department that can address your concerns, we'd be grateful if you could provide us with additional details regarding your experience by filling out the link below.

불만 사항을 해결해 드릴 수 있는 적절한 부서에 전달할 수 있도록 아래 링크를 작성하여 경험에 관한 추가 세부 정보를 제공해 주시면 감사하겠습니다.

We are truly sorry for the inconvenience and hope to provide you with better services in the future.

불편을 드려 진심으로 죄송하며, 향후 더 나은 서비스를 제공할 수 있도록 노력하겠습니다.

For any questions or further assistance, please reply to this message or call us at 1-234-5678.

궁금한 점이 있거나 추가 도움이 필요하시면 이 메시지에 답장하시거나 전화(1-234-5678)로 문의해 주시기 바랍니다.

Best regards,

Jaeha Yu

Customer Service Director 고객 서비스 책임자

INTERVIEW

김수연
BNP 파리바 은행 아태지역 본사 최고 마케팅 변화관리책임자

Q 홍콩에서 다국적 기업 임원으로 근무 중이신데요, 구체적으로 어떤 일을 하고 계신지 설명 부탁드립니다.

소비재, 은행 자산 관리, 보험 등 폭넓은 산업 분야에서 마케팅 및 비즈니스 혁신 성장 전략을 총괄 담당하고 있습니다. 한국, 싱가포르, 홍콩 등에서 활동하며, 글로벌 업무는 물론 아시아 태평양 지역 15개국 이상 국가들과 긴밀한 협업 관계를 유지해 왔습니다.

Q 영어 이메일 작성 시 특별히 고려하시는 점이 있을까요?

영어 이메일은 모든 업무 진행 및 사내 커뮤니케이션에 사용됩니다. 미팅 제안부터 프로젝트 내용 상의, 미팅 및 프로젝트 결론 정리 합의, 주요 프로포절 및 승인, 업무 성과 평가, 주요 공문 및 리포트 발표, 주요 정보 요청 등입니다. 이외에 사내 아이디어 교환이나 간단한 질의 그리고 점심 약속까지도 모두 해당되겠네요.

다만 최근 각종 메시징 앱이 활성화되면서 간단한 질의는 챗으로 대신하고 있고, 업무 관련 주제 등 공식적 커뮤니케이션이나 기록이 필요한 경우에는 반드시 이메일을 사용하고 있습니다.

저는 다양한 문화권에서 일한 경험이 있는데, 공통적으로 고려해야 할 사항은 다음과 같습니다.

1. **기업별/문화권별 위계 질서 및 의사 표현 성향**
2. **기업별/국가별 핵심 조직 구조와 의사 결정자 및 업무 협업 관계 파악**
3. **이메일 외의 다양한 커뮤니케이션 툴 사용 여부(메시징 앱 등)**

이런 사항들을 고려해서 이메일 수신 대상을 선정하고 적절한 문체와 표현 그리고 커뮤니케이션 툴을 결정해야 합니다.

Q 비즈니스 영어 이메일을 쓸 때 가장 중요한 것은 무엇일까요?

첫째도 둘째도 간결성입니다. 모두의 시간은 소중하기에 업무의 효율성을 존중해 주는 것은 프로페셔널리즘의 기본이라고 생각합니다. 간결한 메일을 작성할 수 있다는 것은 작성자가 해당 내용을 충분히 파악하고 있고, 모든 사내 컨텍스트를 꿰뚫고 있다는 반증이기도 합니다.

Q 영어 이메일을 잘 써서 좋은 결과를 얻은 경우를 공유해 주시겠어요?

워낙 많아서 기억이 다 안 납니다(웃음). 중요한 프로젝트 제안을 해서 해당 국가 CEO와 화기애애하게 최종 합의에 이르는 결과가 보람찬 것 같습니다. 아무리 사전 조율을 해도 중대 사안일수록 단어 하나 그리고 어감에 따라 반응이 달라질 수 있으니까요. 또한 제 업무의 특성상 변화와 혁신을 추진하는 경우가 많은데, 그만큼 신중히 커뮤니케이션을 해야 합니다.

Q 사람들이 영어 이메일과 관련해서 흔히 하는 실수가 있다면?

제가 본 가장 빈번한 실수는 **미완성 메일을 발송하거나 잘못된 수신자를 추가하는 경우**입니다. 이같은 단순한 실수들이 해당 내용의 중요도에 따라 치명적 결과를 초래할 수 있고, 반복될 경우 본인의 신뢰도와 이미지에 영향을 끼칠 수 있습니다. 제 조언은 같은 실수를 반복하지 않도록 자신만의 노하우를 마련하라는 것입니다. 예를 들어 중요한 이메일은 초안 작성을 먼저 하고 발신 전 마지막에 수신자를 입력한다거나 하는 것이죠.

그 외에 **수신자 이름을 잘못 적거나 지나치게 장황한 이메일을 작성하는** 실수도 흔합니다. 아무리 친한 사이여도 자신의 이름이 틀리게 표기될 때 기분 좋을 사람은 없고, 모든 이메일은 첫 세 줄 정도에서 핵심 전달이 되도록 하는 게 비즈니스의 예의입니다.

Q 영어 이메일을 쓰는 나만의 노하우가 있다면 공개 부탁드려도 될까요?

중요한 이메일일 경우, 반드시 두세 번 훑으며 **간결화 작업**을 합니다. 적어도 첫 두세 줄에 모든 핵심 내용이 포함되도록 하고, 메일 수신인의 직급과 성향에 따라 내용 및 어휘 등을 다듬는 과정입니다. 간결할수록 가독성과 이해도가 좋아지니, 해당 이메일이 의도한 결과를 회신받는 데 더 수월하겠죠? 회신이 필요한 경우가 아니라 회의록이라 하더라도 간소하고 명확할수록 이상적인 기록이 됩니다.

스피치할 때를 생각해 보면 가장 파워풀하고 효과 있는 전달을 위해 발표문을 다듬고 완벽을 기하지 않나요? 단 10분, 20분의 시간 동안 최대한 많은 청중의 기억에 남기 위해서죠. 이메일도 내 의도를 컴퓨터 화면의 3분의 1도 안 되는 공간에서 몇 분 내에 전달해야 합니다. 늘 이 점을 염두에 두고 효과적인 이메일을 작성하는 훈련을 거듭해야 합니다. 제 경우에는 초안 작성 후 완성도를 높여 보냅니다. 심지어 시간을 다투지 않지만 매우 중요한 사안의 경우는 시간차를 두고 여러 차례 초안을 검토한 후 객관화 작업을 하고 보내기도 합니다.

또한 **간결하고 핵심적인 이메일 제목**에 각별히 신경을 씁니다. 수십, 수백 통의 메일이 오가는 메일함에서 몇 글자로 메일의 주제와 내가 요청하는 행동을 단 한 번의 눈길로 파악할 수 있게 전달한다면 이미 커뮤니케이션의 목적이 50%는 달성된 것이 아닐까요?

마지막으로, 이메일 역시 사람 대 사람의 커뮤니케이션입니다. 얼굴을 마주보지 않아도 **상대방을 배려하고, 감사하고, 예의를 지키는 이메일**은 그만큼 상대방의 마음을 움직이고 건강한 비즈니스 관계를 수립하는 데 필수적입니다.

Chapter
08

마음을
움직이는
이메일

BUSINESS ENGLISH EMAIL ●

01

cold mail과
warm mail

마케팅 용어로 'cold mail(차가운 메일)'이라는 표현이 있다. 모르는 사람에게 상품이나 서비스의 영업을 위해서 보내는 이메일을 말한다. 아직 관계가 형성되지 않아 '차가운' 사이에 보내지는 메일이기 때문에 'cold'라는 표현을 쓴다(마찬가지로 'cold call'은 모르는 사람에게 전화를 해서 영업을 하는 것을 말한다). Cold mail의 목표는 '새로운 관계 맺기'다. 이메일 주소를 수집해서 무작위로 메일을 보내는 것이 cold mail의 전략이다. 예를 들어 30대 여성을 타깃으로 하는 자세 교정 속옷을 출시했다고 하면 30대 여성들의 이메일 주소를 최대한 모아서 무작위로 이메일을 보내는 방식이다.

Cold mail이 있다면 'warm mail(따뜻한 메일)'도 있을까? 있다. 기본적으로 영업을 위한 이메일이라는 점에서는 같은 종류의 이메일이다. Cold mail이 모르는 사람을 대상으로 바다에서 그물을 마구잡이로 던져서 다양한 물고기가 걸리는 것을 목표로 한다면, warm mail은 1차로 바다에서 건져 올려 어장에 들어간 물고기들을 타깃으로 한다. 이 물고기들에게 밥을 주며 우리 어항으로 데리고 오는 것이 warm mail의 목표이다. 당신의 회사를 이미 알고 있는 사람

실전 비즈니스 영어 이메일

들과의 연결을 이용하고 강화하는 것이다.

Warm mail은 회사에서 진행하는 웨비나, 이벤트 같은 마케팅 활동을 통해 이미 확보한 고객의 연락처를 바탕으로 비즈니스 연결을 강화하는 전략이다. 어떤 식으로든 당신의 회사 이름을 들어 본 적이 있고, 웹사이트나 블로그, 페이스북이나 인스타그램 같은 계정에서 한 번쯤은 당신의 회사를 찾아본 사람들에게 보내는 이메일이다. Warm mail을 통해 사람들과 장기적으로 깊은 관계를 형성할 수 있다.

그렇다면 어떤 메일이 더 효과적일까? B2B 데이터 제공업체인 클리어빗Clearbit에 따르면 cold mail의 평균 응답률은 1%에 불과하다. 즉, 100명에게 연락하면 1명에게서 답장이 온다는 얘기다. 빠른 결과를 얻기 위해서는 cold mail이 효과적이고, 장기적인 관계 맺기가 목표라면 warm mail이 유용하다. 접근 방식과 목표의 차이다.

Warm mail을 쓸 때의 주의점은 다음과 같다.

❶ 잠재 고객을 파악하기

아마도 당신은 잠재 고객의 이메일 주소와 연락처를 가지고 있을 것이다. 홈페이지 또는 링크트인에서 잠재 고객을 조사하자. 그들의 관심사, 회사, 관심 있는 기술과 요구 사항, 고민을 파악하자.

❷ 맞춤형 이메일을 쓰기

똑같은 메일을 뿌리고 기도나 하는(spray and pray: 최소한의 노력을 들이고 결과를 바라는) 방식은 warm mail이 아니다. 받는 사람과 관련성이 있도록 메일 내용을 맞춤화해야 한다.

❸ 매력적인 소개로 고객의 관심을 사로잡기

일반적인 회사 소개를 그대로 떼어다 붙이지 말자. 고객 조사를 바탕으로 고객이 관심 있어 할 만한 회사의 매력이나 장점을 자연스럽게 어필하자.

❹ 제안을 바로 얘기하기

우리 회사가 제공할 수 있는 해결책이나 제안 등을 지체 없이 제시하자.

❺ 객관적 데이터를 이용하기

과거 성공 사례, 추천서, 통계 수치는 잠재 고객들이 당신의 제안을 고려하도록 설득하는 좋은 자료가 된다.

❻ 행동 버튼 심기

이메일을 읽은 고객이 흥미를 가지고 당신의 제안을 검토할 수 있는 작은 행동 넛지를 마련하라. 이메일 마지막에 간단히 클릭할 수 있는 버튼이나 링크를 심어서 트라이얼 서비스를 예약할 수 있도록 하거나, 커피 쿠폰 등을 무료로 제공하는 것도 좋은 전략이다.

❼ 고객에게 질문하기

고객과의 관계를 발전시키기 위해서 질문을 넣는 것도 좋다. 고객의 마음을 더 잘 이해하고, 그들의 니즈를 파악할 수 있다. 나아가서 앞으로의 관계가 깊어지는 데도 일조할 수 있다.

Dear Ms. Homes,

I recently came upon your company's announcement regarding expanding into other markets. Congratulations on reaching this exciting milestone!

최근 다른 시장으로의 확장에 관한 귀사의 발표를 접하게 되었습니다. 이 흥미로운 이정표에 도달한 것을 축하드립니다!

I am aware of how difficult it can be to manage negotiations when a company like yours begins to grow. We at the AOO Corporation assist legal teams with smooth contract management. Our cost-effective software reduces handling times by 30% and increases contract efficiency by 77%.

귀사와 같은 회사가 성장하기 시작할 때 협상을 관리하는 것이 얼마나 어려운지 잘 알고 있습니다. 저희 AOO 코퍼레이션은 법무팀의 원활한 계약 관리를 지원합니다. 저희의 비용 효율적인 소프트웨어는 처리 시간을 30% 단축하고 계약 효율성을 77% 향상시킵니다.

Our contract management services have continuously received high marks from our global customers.

저희 계약 관리 서비스는 전 세계 고객들로부터 지속적으로 높은 점수를 받고 있습니다.

You can read about some of our success stories here: [link to success stories page or PDF]

여기에서 성공 사례 몇 가지를 읽어 보실 수 있습니다. [성공 사례 페이지 또는 PDF 링크 삽입]

Is there anything that will help you at this time in your development?

현재 개발 단계에서 도움이 될 만한 내용이 있나요?

If yes, please allow me to discuss the benefits more over the phone. Could we talk this Friday at 3:00 p.m. EDT? If not, please book your preferred time on my calendar here: [link]

그렇다면 전화로 더 자세히 논의할 수 있도록 해 주세요. 이번 주 금요일 오후 3시(미 동부 시간)에 통화할 수 있을까요? 안 되신다면 여기 제 캘린더에 원하는 시간을 예약해 주세요. [링크 삽입]

Thanks,
Danielle

Hi Jimmy,

I recently came upon your talent-gap essay on LinkedIn. The way you presented the topic's ferocity using relevant figures was thought provoking.

최근 링크트인에서 지미의 인재 격차 에세이를 접하게 되었습니다. 관련 수치를 사용하여 주제의 심각성을 제시하는 방식이 매우 인상적이었습니다.

We at ABC are devoted to bridging the talent gap in the sector, which leads me to believe that we share the same vision.

저희 ABC는 이 분야의 인재 격차를 해소하는 데 전념하고 있으며, 그래서 저는 우리가 같은 비전을 공유하고 있다고 믿습니다.

Our training and certification programs assist educational institutions in reducing training times and costs by 31% while increasing placement opportunities by 51%.

저희의 교육 및 인증 프로그램은 교육 기관이 교육 시간과 비용을 31% 절감하는 동시에 취업 기회를 51% 늘릴 수 있도록 지원합니다.

Our training strategy, programs, and student testimonies are included in this free PDF, which explains our training capabilities.

저희의 교육 전략, 프로그램, 수강생의 증언이 이 무료 PDF에 포함되어 있으며, 교육 역량을 설명합니다.

If you believe these answer your talent-gap challenge, Jimmy, I can arrange for three complimentary demo sessions for your students.

지미, 당신이 이 자료가 인재 격차 문제에 대한 해답이라고 생각하신다면 학생들을 위한 세 번의 무료 데모 세션을 준비해 드릴 수 있습니다.

I won't take much of your time. Simply reply with 1, 2, or 3:

1. I'm in! I would love to explore free demo sessions.

2. I require additional clarification. Can you quickly explain over a call?

3. It sounds good but perhaps at a later date.

시간을 많이 뺏지 않겠습니다. 1, 2, 3번 중에서 간단히 답해 주세요.

1. 참여하겠습니다! 무료 데모 세션을 살펴보고 싶습니다.
2. 추가 설명이 필요합니다. 전화로 빠르게 설명해 주실 수 있나요?
3. 좋은 것 같지만 나중에 설명해 주세요.

I'm looking forward to your reply, 답변을 기다리겠습니다.

Danielle

 ## 이메일 마케팅에서 피해야 할 제목

이메일로 행동을 유도할 때 다음과 같은 단어들은 눈에 확 들어오고 직관적이지만, 바로 그런 이유로 이메일 마케팅에서 많이 사용되기 때문에 스팸 필터에 걸릴 확률이 많다. 불특정 다수를 향한 이메일에서는 반드시 피하는 것이 좋다.

- ☹ Act Now
- ☹ Apply now
- ☹ Buy
- ☹ Call
- ☹ Click here

- ☹ Action needed right now
- ☹ Apply online
- ☹ Buy direct
- ☹ Call now
- ☹ Clearance

아래의 단어들은 영업성 이메일에 상투적으로 들어가는 단어들이다. 사람들은 이런 단어가 들어간 이메일을 클릭하지 않는 경우가 많으니 주의하자.

- ☹ 100%
- ☹ Bargain
- ☹ Bonus
- ☹ Free trial

- ☹ Gift
- ☹ Best price
- ☹ Email marketing
- ☹ For instant access

02

효과적인
홍보 이메일
작성 노하우

당신이 스타트업 회사의 홍보 담당자라고 생각해 보자. 당신은 회사가 만든 획기적인 웹 공유 서비스의 브랜딩을 고민 중이다. 이 서비스는 한국뿐 아니라 전 세계 사람들이 타깃이다. 이때 가장 효과적인 홍보 방법은 외국에 있는 관련 미디어(일간지, 디지털 미디어 등)에 서비스를 알리는 것이다. 어떻게 하면 될까?

정답은 바로 이메일이다. 기자들 또는 관련자들에게 홍보 이메일을 쓰는 경우를 생각해 보자. 홍보는 회사의 키 메시지key message나 콘텐츠를 미디어 기사로 만들어 우리 제품과 서비스에 대한 신뢰도를 높이는 작업이다. 한국에서는 관계를 중요하게 생각하기 때문에, 우선 대면으로 만나서 인사를 하고 나서 보도자료를 보내면 기자가 이를 바탕으로 기사를 쓰는 경우가 많다. 하지만, 외국 미디어는 조금 다르다. 홍보 전문가로서 여러 나라를 담당하며 느낀 바로는, 호주 같은 경우는 기자들이 직접 만나는 것보다 이메일 커뮤니케이션을 선호했다. 미국 미디어도 마찬가지여서 인터뷰 제안도 주로 이메일이나 전화로 이루어진다.

실전 비즈니스 영어 이메일

홍보 이메일의 목표는 담당 기자가 이메일을 클릭하고 결과적으로 우리 제품에 대해 기사를 쓰게 하는 것이다. 바쁜 기자들의 주목을 끌어야 하기 때문에, 홍보 이메일은 짧으면서도 당신의 제품, 서비스에 대한 모든 중요 사항을 담아야 한다. 이를 위해 피치 노트pitch note가 필요하다. 피치 노트는 언론에 보도가 되게 하기 위해 미디어(기자)에게 보내는 제품, 서비스 등의 간단한 요약이라고 보면 된다.

글로벌 기업의 경우, 나라별 담당자들이 사용할 수 있도록 본사 홍보 담당자들이 보도 자료 외에 피치 노트도 같이 제공하는 경우가 많다. 간단한 알림 이메일이기 때문에 홍보 이메일을 쓰는 것은 생각보다 어렵지 않다.

❶ 조사에서 시작하자

당신이 누구에게 이메일을 써야 하는지 조사하자. 관련 기사를 모니터링하면서 당신의 회사에 대해서 관심을 가질 만한 미디어와 기자를 조사하라. 각 미디어가 어떤 분야에 관심이 있고 어떤 트렌드가 있는지 충분히 연구할 것. 메일 첫머리에 'Dear June'과 같이 담당 기자의 이름을 쓰자. 기자가 최근에 쓴 기사에 대해 언급하는 것도 좋다. 처음 연락하지만 관심이 있다는 것을 보여주자.

❷ 자신을 먼저 밝히자

자신의 직함과 소속, 하는 일을 명확히 밝히자. 이는 메일의 신뢰성을 높여준다.

- **I am a researcher at the OOO Institute, and I have been working on media trends since 2007.**
  저는 OOO 기관의 연구원이고, 2007년부터 미디어 트렌드에 대해서 연구해 왔습니다.

- **I work as the communications manager for the OOO Company, which has created a new restaurant review app.** 저는 최근에 새로운 레스토랑 리뷰 앱을 개발한 OOO 회사의 홍보 책임자입니다.

❸ 짧고 간단하게: KISS (Keep It Short and Simple)

기자는 바쁜 사람이니 요점을 말하자(횡설수설 금지!). 당신이 홍보하려는 제품에 대한 정보를 얻기 위해 산더미 같은 문단을 읽고 싶어 하는 기자는 없다. 150개 이하의 단어로 요지를 짧게 정리하자.

❹ 핵심 내용을 보기 쉽게 요약하자

편집자들과 기자들은 요약을 좋아한다. 이메일 본문에 글머리 기호를 이용해 핵심 요점을 정리한다면, 읽는 사람 입장에서 당신의 의도를 빠르고 쉽게 파악할 수 있다.

❺ 보도될 만한 뉴스 거리를 제공하자

당신이 제시하는 내용이 보도될 만한지, 보도되었을 때 독자들에게 어떤 유익을 줄지 정리하자. 새로운 서비스가 어떻게 사람들의 삶에 도움이 되는지, 왜 이 시점에 보도가 되어야 하는지 쓰자.

실전 비즈니스 영어 이메일

- This study provides valuable insights into the effects of OTT on teenagers, which can assist parents in better understanding how to monitor their children's watch hours.

  이 연구는 OTT가 청소년에게 미치는 영향에 대한 귀중한 통찰을 제공하며, 부모가 자녀의 시청 시간을 어떻게 모니터링해야 할지를 더 잘 이해하도록 도움을 줄 수 있습니다.

- This new review app will save your readers time and make them more productive.

  이 새로운 리뷰 앱은 독자의 시간을 절약하고 생산성을 높여 줄 것입니다.

❻ 객관적인 뒷받침 자료를 준비하자

시장 상황, 관련 제품 매출 현황 등 객관적인 수치로 뒷받침 자료를 제공한다면 당신의 주장은 설득력을 얻을 것이다. 외부 수상 경력 등 공신력을 높여줄 자료가 있다면 금상첨화.

- The study found that those experiences were linked to increased levels of anxiety and depression.

  이 연구에 따르면 이러한 경험은 불안과 우울증의 증가와 관련이 있는 것으로 나타났습니다.

- People can save an average of 10 minutes on each restaurant search by using food review apps.

  사람들은 음식 리뷰 앱을 사용하여 레스토랑을 검색할 때마다 평균 10분을 절약할 수 있습니다.

- The Worldwide Design Association named our app one of the best design apps of the year.

  세계 디자인 협회에서는 저희 앱을 올해 최고의 디자인 앱 중 하나로 선정했습니다.

그대로 떼어다 붙이는 이메일은 노노!

많은 사람에게 이메일을 보내다 보면 복사해서 붙여넣기를 하기 십상이다. 손쉬운 방법이지만 효과적이지 않다. 가능하면 시간을 내서 한 사람만을 위한 이메일을 만들어서 보내자. 이메일을 보내는 것은 돈이 들지 않는다. 대신 시간을 충분히 들여서 쓴다면 정말 큰 효과를 낸다.

❽ 적극적인 기다림

홍보는 낚시와 같다. 기자들로 가득 찬 낚시터가 있고, 홍보 메일을 보내는 것은 그들이 물기를 바라며 이야깃거리를 정조준해서 던지는 것이다. 너무 많은 미끼를 한꺼번에 걸지 않도록 하고, 인내심을 가지고 누군가가 나의 미끼를 물도록 기다리자. 하지만 대책 없이 기다리지만은 말자. 응답이 없다면 다른 물고기를 노려 보는 것도 좋고, 다른 미끼를 걸어 보는 것도 좋다. 적극적으로 기다리자.

| 예시 1 |

> ✉
>
> Hi Catherine,
>
> OOO has just released an innovative new mobile phone product: a case that protects your privacy. Here are a few highlights:
> - It is a special protective device that is lightweight.
> - The TGPS (transport GPS) allows it to go up to 300 kilometers.
> - It is made of high-quality, heavy-duty steel.
>
> OOO에서 혁신적인 새 휴대폰 관련 제품을 출시했습니다. 개인 정보를 보호하는 케이스입니다. 다음은 몇 가지 주요 특징입니다.
> - 가벼운 특수 보호 장치입니다.
> - TGPS (운송용 GPS)를 사용하면 최대 300km까지 작동할 수 있습니다.
> - 고품질의 튼튼한 강철로 만들어졌습니다.

We'd be delighted to send you a unit to review on OO's IT review site. Please let me know if you are interested, and I will email you further details. Thanks!

OO의 IT 리뷰 사이트에서 검토할 수 있도록 기꺼이 장치를 보내 드리겠습니다. 관심이 있으시면 알려 주세요. 자세한 내용을 이메일로 보내 드리겠습니다. 감사합니다!

Best,
Kim

| 예시 2 |

Hi Sam,

My name is Danielle, and I work for the OOO Company.

제 이름은 대니엘이고 OOO 회사에서 일하고 있습니다.

We recently launched a new fashion styling service that I think would be perfect for your readers.

- AI-generated personalized styling ideas
- Recommendations from renowned fashion designers
- Virtual fitting videos

저희는 최근 새로운 패션 스타일링 서비스를 출시했는데, 귀사의 독자 여러분께 적합할 것 같습니다.
- AI가 생성한 개인 맞춤형 스타일링 아이디어
- 유명 패션 디자이너의 추천
- 가상 피팅 동영상

I've included some additional information and images below.

아래에 몇 가지 추가 정보와 이미지를 첨부했습니다.

If you are interested, I would be pleased to connect you with one of our customers or answer any questions you may have.

관심이 있으시다면 저희 고객 중 한 명과 연결해 드리거나 궁금한 점에 대해 답변해 드리겠습니다.

Thank you very much.
Danielle (djchong@OOO.com)

[Press Release] OO's Product Pipeline Announcement

[보도 자료] OO의 제품 파이프라인 발표

Hi Joan,

I just want to give you a heads-up on the next phase of OO's product pipeline plans that were just introduced internally to the company this morning.

오늘 아침 회사 내부에서 방금 소개한 OO의 제품 파이프라인 계획의 다음 단계에 대해 알려 드리려 합니다.

With a thoughtful, long-term approach focused on helping every patient be healthy, we revealed the latest details regarding what's next with our product line in 2024 and more. The highlights are below.

모든 환자의 건강을 돕는 데 초점을 맞춘 사려 깊고 장기적인 접근 방식을 통해, 2024년과 그 이후의 제품 라인의 다음 단계에 대한 최신 세부 사항을 공개했습니다. 주요 내용은 아래와 같습니다.

If you have any questions, please let me know.

질문이 있으시면 언제든지 알려 주세요.

Best,

Carl

03

축하,
위로,
격려의
메일

축하 메일

Happy MV4, Suga! What a joy it's been to work with you. Here's to many more years!

입사 4주년 축하해요, 슈가! 함께 일할 수 있어서 정말 즐거웠습니다. 앞으로 더 많은 세월을 함께할 수 있기를 바랍니다!

Seriously, thank you for everything, Suga. It is always a pleasure to work with you, share real talk, and share our laments about all things. I hope you have a very happy day.

진심으로 모든 것에 감사해요, 슈가. 슈가와 함께 일하고, 진솔한 이야기를 나누고, 모든 것에 대한 하소연을 나눌 수 있어서 항상 즐겁습니다. 행복한 하루 보내길 바랍니다.

회사에서는 축하할 일이 많다. 글로벌 기업에서는 각기 다른 나라에 있는 모든 직원이 같이 모이는 기회가 적기 때문에, 생일이나 기념일 등을 오히려 적극적으로 챙긴다.

메타에서는 'Metaversary(Meta+Anniversary: MV)'라고 해서 입사 기념일마다 축하를 한다. 변화가 빠른 소셜 미디어 업계에서는 적응도 빨라야 하기 때문에 매해가 새롭고 다르다. 따라서 올 한 해도 잘 지냈다고 work anniversary(입사 기념일)를 축하하는 문화가 있는 것이다. 온라인 축하 카드로 축하 문구를 모아서 보내기도 하지만, 챗방에서 간단하게 "Happy MV4!", "Congratulations 4th MV!" 이런 식으로도 많이 축하를 전한다. 물론 이메일로 축하를 보내는 경우도 많다.

일반적인 축하 메시지부터, 구체적으로 승진, 업무 성과를 축하하는 문구는 다음과 같다. 적절하게 나의 진심을 담을 수 있는 메시지를 잘 골라서 사용해 보자.

❶ 일반적인 축하 메시지

- **Congratulations. I know you've worked so hard for this.**
  축하합니다. 그동안 정말 열심히 노력하신 거 알아요.

- **Congratulations and best wishes for the future.**
  축하드리고 꽃길만 걸으시길 바라요.

- **Congratulations. You did it!** 축하합니다. 해 냈군요!

- **Congratulations. I'm so happy for you!** 축하드려요. 정말 기뻐요!

- **Congratulations. You deserve this!**
  축하합니다. 당신은 충분히 자격이 있어요!

- **Congrats! Above and beyond, Amy. Again, great job!**
  축하해요! 정말 대단해요, 에이미. 또 멋진 일을 해 냈네요!

실전 비즈니스 영어 이메일

- **You did an amazing job with...** …로 놀라운 일을 해 내셨어요.

- **Well done for... What an achievement!**

  … 잘하셨어요. 정말 대단한 성취예요!

- **Wow, what great news! I'm so happy for you.**

  와, 정말 좋은 소식이에요! 정말 기뻐요.

- **I'm so proud of you for...** …하신 것 정말 자랑스러워요.

❷ 승진 축하

- **Congratulations on your promotion! I know how hard you've worked over the past three years.**

  승진을 축하합니다! 지난 3년 동안 얼마나 열심히 일하셨는지 잘 알고 있습니다.

- **Congratulations on your well-deserved success!**

  당연히 받으셔야 할 성공 축하합니다!

- **Congratulations on your promotion. No one deserves this more than you.**

  승진을 축하합니다. 당신보다 더 자격이 있는 사람은 없어요.

- **Congratulations on the new role! It's been a pleasure watching you grow at this company, and I'm so excited to see how you'll flourish in this new role.**

  새로운 역할을 맡게 된 것을 축하합니다! 회사에서 성장하는 모습을 지켜보는 것이 즐거웠고, 새로운 역할을 맡아 어떤 활약을 펼칠지 기대가 됩니다.

- **The decision to promote you was a no-brainer. Your unwavering dedication and capability have made it clear that you are ready to take on more responsibility. I am eager to witness the impact you will have as a leader of this team. Heartiest congratulations!**

승진 결정은 당연한 일이었습니다. 당신의 변함없는 헌신과 능력은 당신이 더 많은 책임을 맡을 준비가 되어 있다는 것을 분명히 보여 주었습니다. 이 팀의 리더로서 당신이 미칠 영향력을 보게 될 것이 기대됩니다. 진심으로 축하드립니다!

❸ 친한 사이에 캐주얼하게 사용할 수 있는 승진 축하

- **Congratulations! No one deserves this more, Aiden.**

  축하해요! 당신보다 더 자격 있는 사람 없어요, 에이든.

- **Your dedication has paid off. Congratulations!**

  헌신이 결실을 맺었네요. 축하해요!

- **You earned this! Congrats!**

  당연한 결과예요! 축하해요!

- **It's such an honor to watch you grow within the company.**

  당신이 회사 내에서 성장하는 모습을 지켜보게 되어 영광이에요.

- **Congratulations on taking the next big step in your career.**

  경력에서 커다란 다음 단계를 밟게 된 것을 축하해요.

- **This company is so lucky to have someone as talented and skilled as you.**

  이 회사는 당신처럼 재능 있고 숙련된 인재를 보유하게 되어 정말 행운이에요.

❹ 성과나 성취에 대한 축하

- **I wish you all the success in the world and am excited for your latest achievement!**

  세상에서 가장 큰 성공을 누리시길 바라며, 최근의 성취에 기뻐합니다!

- **Great job on securing so many prospects. I couldn't have done it without you.**

  많은 신규 잠재 고객을 확보한 것 훌륭했어요. 당신 없이는 할 수 없었을 겁니다.

- **You are so worthy of this award. Awesome work!**

  당신은 이 상을 받을 자격이 충분합니다. 정말 잘했어요!

- **I look up to you. You have really been an inspiration and bring out the best in all of us!**

  당신을 존경합니다. 당신은 정말 영감을 주었고 우리 모두에게서 최고의 능력을 이끌어 냅니다!

- **I love this project. Well done on a strong launch, and I can't wait to see how this grows.**

  이 프로젝트가 정말 마음에 들어요. 강력한 론칭을 잘하셨고, 이 일이 앞으로 어떻게 성장해 나갈지 기대됩니다.

- **I heard the good news and want to add my praise to the pile!** 좋은 소식 들었어요. 칭찬을 더하고 싶어요!

- **I was so impressed with the cooperation and the drive from every corner of the world. Thank you for being the best and enjoy this big day.**

  전 세계 곳곳의 협력과 추진력에 깊은 인상을 받았습니다. 최고가 되어 주셔서 감사드리며 이 중요한 날을 즐기세요.

- **I hope you are as proud of yourself as we all are of you.**

  우리 모두가 당신을 자랑스러워하는 것처럼 스스로를 자랑스러워하길 바랍니다.

❺ 발표나 연설을 잘했을 때

- **Your hard work paid off in your presentation at the conference today. Excellent work!**

  오늘 컨퍼런스 발표에서 열심히 준비하신 노력이 결실을 맺었습니다. 잘했어요!

- **You sounded so confident up there. Go you!**

  정말 자신감 넘치셨어요. 잘했어요!

- **Congratulations on surviving and thriving through that speech. All those late nights practicing it really paid off.**

  그 연설에서 살아남아 성공하신 것을 축하드립니다. 밤늦게까지 연습한 것이 정말 보람 있는 일이었습니다.

- **Congratulations on delivering the most amazing talk. I know that was the biggest crowd you've ever spoken in front of. You did such an incredible job.**

  가장 멋진 연설을 하신 것을 축하드립니다. 지금까지 연설한 것 중 가장 많은 청중이 모인 자리였다는 걸 알아요. 정말 대단한 일을 해 내셨어요.

- **Congratulations on nailing your first speaking event!**

  첫 연설을 성공적으로 마치신 것을 축하드립니다!

- **I know giving a TED Talk has been a goal of yours for years, so I'm so happy you can now tick this off. Congrats.**

  TED 강연을 하는 것이 수년간 당신의 목표였다는 것을 알고 있기에, 이제 그 목표를 이룰 수 있게 되어 정말 기쁩니다. 축하드립니다.

실전 비즈니스 영어 이메일

Hi Diane,

My heartfelt congratulations to you on your promotion! Your leadership skills and hard work have truly paid off. I have no doubt that you will excel as a manager and bring about great success in this role. I am eager to witness your growth and achievements in the future. Congratulations once again!

승진을 진심으로 축하드립니다! 다이앤의 리더십과 노력이 결실을 맺은 것 같습니다. 매니저로서 뛰어난 역량을 발휘하여 이 역할을 훌륭히 해 낼 것이라 믿어 의심치 않습니다. 앞으로도 다이앤의 성장과 성취를 지켜보고 싶습니다. 다시 한번 축하드립니다!

With a big hug,
Charles

위로와 격려의 메일

'남의 집 경사에는 초청받아야 가는 법이고, 남의 집 애사에는 초청받지 않아도 가야 하는 법이다'라는 옛말이 있다. 슬픈 일이 있을 때 위로하는 것이 그만큼 중요하다는 의미이다. 인트라넷에 누군가의 가족이 돌아가셨다는 부고가 뜰 때는 짧게라도 마음을 표현하자.

· **We just want to let you know that our thoughts are with you and your family.**
우리가 당신과 가족분들을 생각하고 있다는 사실을 알아 주세요.

- We extend our heartfelt sympathies to you and your loved ones during this difficult time.
  이 어려운 시기에 당신과 가족분들께 깊은 애도의 뜻을 전합니다.

- Our thoughts and prayers are with you as you navigate this loss. 이별의 고통을 겪으시는 동안 우리의 마음과 기도가 함께합니다.

- We offer our sincerest condolences and are here to support you in any way we can.
  진심 어린 애도를 표하며, 저희가 할 수 있는 모든 방법으로 지원하겠습니다.

- Our team at OOO sends their love and support to you and your family. OOO 팀원들이 당신과 가족분들께 사랑과 지지를 보냅니다.

- We are deeply saddened by your loss and are here to offer our condolences and support.
  고인을 잃으신 것에 깊은 슬픔을 느끼며 애도와 지지를 표합니다.

- Our hearts go out to you during this time of sorrow.
  애도의 시간 동안 저희의 마음은 당신과 함께합니다.

- We hold you close in our thoughts. We are deeply sorry for your loss.
  당신을 마음속으로 꼭 안고 있습니다. 고인을 잃으신 것에 대해 깊은 슬픔을 표합니다.

- Please know we are thinking of you during this painful time. As your work family, we are here for you.
  이 고통스러운 시간 동안 우리가 당신을 생각하고 있다는 것을 알아 주세요. 일터의 가족으로서 우리는 당신 곁에 있습니다.

- We're so deeply sorry for your loss. We will be thinking of you. 삼가 고인의 명복을 빕니다. 우리는 당신을 생각하고 있을 것입니다.

2022년 이태원 사태 후에 전 세계 동료들이 위로와 걱정의 메시지를 보냈다. 끔찍하고 비극적인 상황에서 한국에 있는 나의 안부를 물어 준 동료들이 정말 고마웠다. 비즈니스 관계에서 이런 다정한 한마디야말로 회사 생활을 지탱해 주는 고마운 마음들이 아닐까? 내가 실제로 받은, 짧지만 힘이 된 이메일 두 통을 소개한다.

Hi Danielle, I was really gutted to hear about all the incident in Seoul and the aftermath. I hope your friends and loved ones are all safe and that the city can bounce back soon.

안녕하세요 대니엘, 서울에서 일어난 사건과 그 여파에 대해 듣고 정말 마음이 아팠습니다. 대니엘의 친구와 사랑하는 사람들이 모두 무사하고 서울이 빨리 회복되기를 바랍니다.

Hi Danielle, I am deeply saddened to hear about the recent events in Seoul and the aftermath. My thoughts and prayers go out to you and your loved ones. I hope everyone is safe and that the city can recover soon. Sending love and support.

안녕하세요 대니엘, 최근 서울에서 발생한 사건과 그 여파에 대해 매우 안타깝게 생각합니다. 대니엘과 사랑하는 분들께 진심과 기도를 보냅니다. 모두가 안전하고 서울이 빨리 회복되기를 바랍니다. 사랑과 응원을 보냅니다.

다만 기분을 전환시켜 주겠다고 비극을 미화하거나 농담을 하는 것은 절대 금물이다. 당사자의 슬픔은 다른 사람이 짐작 못 할 만큼 클 수 있다. 같이 있어 주고, 손을 내밀어 주자.

Dear Tukata,

My thoughts are with you during this time of sorrow following the loss of your mother. I would like to wish you comfort during this difficult time, and my deepest sympathies go to you and your family.

어머니를 잃으셔서 슬픔에 잠긴 이 시기에 마음을 전합니다. 이 어려운 시기에 위로를 전하고자 하며, 투카타와 가족분들께 깊은 애도의 뜻을 전합니다.

If there is something I can do to help you during this time, please do not hesitate to call me. The team is handling your workload, so don't worry about any of your ongoing projects right now.

이 시기에 도움이 필요하시다면 언제든지 저에게 연락해 주시기 바랍니다. 저희 팀이 당신의 업무를 처리하고 있으니 지금은 진행 중인 프로젝트에 대해 걱정하지 마세요.

Wishing you peace, 마음의 평안을 기원하며.
Danielle

Hi Sam,

I am deeply saddened to hear about the loss of your dog Winny. I would like to express my heartfelt condolences to you and your family. My thoughts and prayers are with you during this difficult time.

반려견 위니를 잃으셨다는 소식에 정말 마음이 아픕니다. 샘과 가족분들께 진심으로 애도를 표합니다. 이 힘든 시기에 제 마음과 기도를 드립니다.

Please let me know if there is anything I can do to support you. Your workload is being handled by the team, so please don't worry about anything other than grieving and taking care of yourself.

제가 도울 수 있는 일이 있으면 무엇이든 알려 주세요. 샘의 업무는 팀에서 처리하고 있으니 애도하고 자신을 돌보는 것 외에 다른 걱정은 하지 마세요.

May you find comfort and peace, 위로와 평안을 찾으시길.

Danielle

| 예시 3 |

Team,

I know this is a difficult time for everyone at OO, and I want to offer my condolences whether you were affected by the accident or not.

지금이 OO의 모든 직원에게 힘든 시기라는 것을 알고 있으며, 사고에 직접적으로 영향을 받으셨는지 여부와 관계 없이 애도를 표하고 싶습니다.

If you want to have a chat, please let me know. I heard that sharing your thoughts and feelings can help you grieve properly and can provide some relief.

대화를 나누고 싶으시다면 저에게 알려 주세요. 생각과 감정을 공유하면 적절하게 애도하는 데 도움이 되고 마음의 안정을 찾을 수 있다고 들었습니다.

Please take good care of yourself.

부디 스스로를 잘 돌보세요.

Best,

Jamie

04

칭찬과
감사
표현하기

칭찬하기

'칭찬은 고래도 춤추게 한다'라는 책 제목처럼 영어에도 '칭찬은 씨앗 같아서 잘 키우면 아름다운 관계를 만든다A compliment is like a seed; plant it and watch it grow into a beautiful relationship'라는 속담이 있다. 칭찬은 듣는 사람의 기분을 좋게 만들어 관계를 부드럽고 편안하게 해 주는 특효약이다. 칭찬하는 이메일은 어떻게 쓰면 좋을까?

❶ 구체적으로 칭찬하자

'고마워요', '잘했어요', '멋져요'도 좋은 칭찬이지만, 그 사람이 한 일이 어떤 점에서 나에게 도움이 되었는지 구체적으로 말해 주면 칭찬이 더 큰 힘을 발휘한다.

- I'm grateful for your assistance with my proposal, and I look forward to collaborating with you on any future media-related challenges.

제 제안서에 도움을 주셔서 감사드리며, 향후 미디어 관련 과제에 대해 협력할 수 있기를 기대합니다.

- I have observed the significant effort you have been putting in to enhance our task force team results, and I want to express my gratitude on behalf of all of us. You are an exceptional talent, and we are grateful for your devotion.

태스크포스 팀의 성과를 향상시키기 위해 기울이신 상당한 노력을 지켜보았으며, 우리 모두를 대표하여 감사의 말씀을 전하고 싶습니다. 당신은 뛰어난 인재이며, 우리는 당신의 헌신에 감사하고 있습니다.

- I would like to express my gratitude for your help with my teen campaign. Thanks to your effort, we were able to enhance the engagement rate by 30% over the past three weeks.

제 청소년 캠페인에 도움을 주신 것에 대해 감사의 말씀을 드리고 싶습니다. 당신의 노력 덕분에 지난 3주 동안 참여율을 30% 높일 수 있었습니다.

❷ 생각났을 때 바로 쓰자

칭찬 메일은 자주 쓰면 쓸수록 좋다. 직원들이 서로 칭찬을 나누게 되면 조직 문화에도 긍정적인 영향을 준다. 칭찬할 거리가 생각났다면 무조건 이메일이나 톡을 날리는 습관을 들이자.

| 예시 1 | 상사가 세일즈에 공을 세운 직원을 칭찬하는 이메일

My Heartfelt Appreciation 진심으로 감사합니다

Dear Danielle,

I hope this email finds you well. I am writing to give you the heartfelt appreciation that you deserve.

이 이메일이 잘 전달되길 바랍니다. 대니엘이 받아 마땅한 진심 어린 감사를 전하기 위해 이 글을 씁니다.

Your hard work and dedication to this project have truly made a difference, and I cannot thank you enough for your contributions. Your attention to detail and passion for excellence have not gone unnoticed, and I am so proud to have you on my team.

이 프로젝트에 대한 대니엘의 노력과 헌신은 진정으로 변화를 가져왔으며, 대니엘의 기여에 대해 아무리 감사를 표해도 모자랍니다. 세부 사항에 대한 대니엘의 관심과 탁월함을 향한 열정은 눈에 띄지 않을 수 없었으며, 대니엘이 제 팀에 있다는 것이 정말 자랑스럽습니다.

Please know that your efforts have not only helped to improve our revenue growth, but they have also inspired others to raise their own standards and to work toward a common goal. You are a valuable asset to the company.

대니엘의 노력은 회사의 매출 성장에 도움이 되었을 뿐만 아니라 다른 직원들에게도 자신의 기준을 높이고 공동의 목표를 향해 노력하도록 영감을 주었다는 점을 알아 주기 바랍니다. 대니엘은 회사의 소중한 자산입니다.

Thank you again for all that you do, and please keep up the great work. I look forward to seeing what you will achieve in the future.

대니엘의 모든 노력에 다시 한번 감사하며 앞으로도 계속 좋은 성과를 거두기 바랍니다. 앞으로 대니엘이 이뤄 낼 성과가 기대됩니다.

Best,

Joelle

실전 비즈니스 영어 이메일

Hi Danielle, OO thanked you! 대니엘, OO이 칭찬 메시지를 보냈어요!

I had an opportunity to review Danielle's past year of work on creators and want to write to commend her for her leadership, hustle, and creativity. In Korea, Danielle took up the charge of profiling interesting creators, the innovation in our Reels format, and the creativity for connections that people make on IG every day. In particular, from a OO perspective, the collaboration with Danielle and her team to use creators as advocates for the Family Center/IG Parental Supervision tools as well as to combat online bullying helped us build a solid reputation for IG. Thanks again!

지난 1년간 대니엘이 크리에이터와 함께 일한 것을 돌아볼 기회가 있었는데, 그녀의 리더십과 열정, 창의성을 칭찬하는 글을 쓰고 싶습니다. 대니엘은 한국 시장에서 흥미로운 크리에이터 프로파일링, 릴스 형식의 혁신, 그리고 사람들이 매일 인스타그램에서 만들어 내는 연결에 대한 창의성을 책임졌습니다. 특히, OO의 관점에서 가족 센터/인스타그램 부모 감독 도구의 옹호자로 크리에이터를 활용하고 온라인 괴롭힘을 방지하기 위해 대니엘 및 그녀의 팀과 협력한 것은 인스타그램에 대한 확고한 평판을 구축하는 데 도움이 되었습니다. 다시 한번 감사드립니다!

| 예시 3 | 서비스 공급 업체를 칭찬하는 이메일

Dear Mr. Chang,

I just want to reach out and say thank you for the wonderful service your company has provided us with. Your customer service is excellent; it is friendly and efficient. You always pay attention to every detail and keep us informed throughout each project. And we really appreciate the way you do business.

귀사가 제공해 주신 훌륭한 서비스에 대해 감사의 말씀을 드리고 싶습니다. 귀사의 고객 서비스는 훌륭하고 친절하며 효율적입니다. 항상 모든 세부 사항에 주의를 기울이고 각 프로젝트 전반에 걸쳐 저희에게 정보를 제공합니다. 그리고 저희는 귀사의 비즈니스 방식에 정말 감사하고 있습니다.

We will definitely be recommending your services to others. Our team is really happy with the work you've done for us, and we're looking forward to working with you in the future.

저희는 다른 사람들에게도 귀사의 서비스를 추천할 것입니다. 저희 팀은 귀사가 저희를 위해 해 주신 작업에 정말 만족하고 있으며 앞으로도 귀사와 함께 일할 수 있기를 기대합니다.

Thanks again,
Danielle

감사하기

감사와 칭찬은 비슷해 보일 수 있지만, 미묘한 차이가 있다. 감사는 주로 상대방이 무언가를 도와주었거나, 일을 완수하는 데에 도움이 되었을 때 사용되는 표현이다. 반면에 칭찬은 상대방의 노력과 성과를 인정하는 것을 의미한다. 영어 이메일에서의 차이를 살짝 살펴보자.

〈감사의 표현〉

- **Thank you.** 감사합니다.

- **I appreciate your help/assistance/time.**
  도움/지원/시간에 감사드립니다.

- **Thank you for your prompt response.** 빠른 답변 감사합니다.

- I'm grateful for your advice. 조언에 감사드려요.

- I want to express my gratitude for your kindness.
  친절에 감사하다는 말씀을 드립니다.

〈칭찬의 표현〉

- Well done! 잘했어요!

- Great job! 멋진 일을 했어요!

- You did an excellent job! 훌륭한 일을 했어요!

- I'm impressed by your work. 당신의 업무 처리에 감명을 받았어요.

- Your dedication and hard work are truly inspiring.
  당신의 헌신과 노력은 진정으로 영감을 줍니다.

감사를 표시할 때는 상황과 관계에 따라 다양한 표현을 사용할 수 있는데, 어떤 경우이든 진심 어린 말과 적절한 어조를 사용하는 것이 중요하다. 감사를 표현하는 이메일 표현을 알아보자.

❶ 일반적인 감사

- Thank you for your assistance. 도와주셔서 감사합니다.

- Thank you for your consideration. 고려해 주셔서 감사합니다.

- Thank you for your encouragement. 격려해 주셔서 감사합니다.

- **Thank you for your guidance.** 지침을 주셔서 감사합니다.
- **Thank you for your support.** 지지해 주셔서 감사합니다.
- **Thank you for your thoughtfulness.** 사려 깊게 배려해 주셔서 감사합니다.
- **Thank you for your time.** 시간을 내 주셔서 감사합니다.

❷ 비즈니스 관련 감사

- **I appreciate your assistance and look forward to continuing to work with you.**
  도움 주셔서 감사합니다. 앞으로도 같이 일할 수 있으면 좋겠습니다.
- **Many thanks for giving me this opportunity.**
  이런 기회를 주셔서 감사합니다.
- **Thank you for referring us to the OOO Company.**
  우리 회사를 OOO회사에 소개해 주셔서 감사합니다.
- **Thanks very much for the opportunity for collaboration. I sincerely appreciate it.**
  협업 기회를 주셔서 감사합니다. 진심으로 감사드립니다.

❸ 조언에 대한 감사

- **Many thanks for your time.** 시간 내 주셔서 정말 감사드려요.
- **I am so very thankful for your time.** 시간을 내 주셔서 정말 감사해요.

실전 비즈니스 영어 이메일

- **I appreciate the information and advice you have shared.**

  공유해 주신 조언과 정보에 대해서 감사드립니다.

- **Thank you for connecting with me. It's an honor!**

  인연을 맺게 되어서 기쁩니다. 영광이에요!

- **Thank you for all the help you have given me with my job search.** 제가 일자리를 찾는 데 도움을 주신 모든 것에 감사합니다.

- **Thank you for taking the time to talk to me. I very much appreciate the time you spent discussing career options with me.**

  시간을 내어 저와 말씀 나눠 주셔서 감사합니다. 여러 가지 커리어 가능성에 대해서 논의하는 데 시간을 할애해 주셔서 정말 감사합니다.

- **Thank you for providing me with advice.** 조언 주셔서 감사드립니다.

- **Thank you for sharing your expertise.**

  전문적인 고견을 나누어 주셔서 감사드립니다.

- **Thank you for speaking with me. Your insights were truly helpful.** 말씀 나눠 주셔서 감사합니다. 정말 도움이 되는 고견이었습니다.

최근에 직원 채용 과정에서 면접이 끝나고 "오늘 면접을 통해 만나게 되어서 반가웠고 시간을 내 주셔서 감사했다"라는 이메일을 받았다. 그 사람이 정말 우리 회사에 들어오고 싶고 노력하는 사람이라는 느낌을 받았다. 당신이 만약 어느 회사에 들어가기 위해 면접을 본다면 이후에 짧은 감사 메일을 보내는 것을 추천한다. 이런 사소하지만 정중한 제스처는 당신에 대해 좋은 인상을 남긴다. 그때 다음 표현들을 적절히 사용해 보자.

- **I appreciate having the opportunity to speak with you today about the [name of position] position at [company name].** [회사명]의 [직책명] 직책에 대해 오늘 이야기할 기회를 주셔서 감사합니다.

- **I appreciate the time you spent interviewing me.**
  저를 인터뷰하기 위해 시간을 할애해 주셔서 감사합니다.

- **I appreciate your time and consideration in interviewing me for this position.**
  이 직책에 대해 저를 인터뷰하기 위해 시간을 할애하고 배려해 주셔서 감사합니다.

- **I enjoyed speaking with you about the opportunity to work with your company.**
  귀사와 함께 일할 수 있는 기회에 대해 이야기할 수 있어서 즐거웠습니다.

- **I greatly appreciate the time you took to interview me.**
  저를 인터뷰하기 위해 시간을 내 주셔서 대단히 감사합니다.

- **I sincerely appreciate the time you took to interview me.**
  인터뷰에 시간을 내 주셔서 진심으로 감사드립니다.

- **I sincerely enjoyed meeting with you to discuss the [name of position] position opening.**
  [직책명] 직책 채용에 대해 논의하기 위해 만나 뵈어서 진심으로 즐거웠습니다.

- **I would like to thank you for the opportunity to meet with you.** 만나 뵐 수 있는 기회를 주셔서 감사드리고 싶습니다.

- **Many thanks for the opportunity to meet with you.**
  만날 수 있는 기회를 주셔서 감사합니다.

- **Thank you for speaking with me about the [name of position] position at [company name].** [회사명]의 [직책명] 직책에 대해 말씀 나눠 주셔서 감사합니다.

05

비판과
대안이
담긴
피드백

개선을 위한 피드백

늘 긍정적인 피드백만 할 수 있다면 좋겠지만, 성장을 위한 부정적인 피드백도 필요하다. 이런 피드백이야말로 이메일로 쓸 때 가장 주의해야 하는 부분이다. 부정적인 피드백을 받고 기분 좋을 사람은 아무도 없기 때문이다. 이런 내용을 이메일로 쓸 때는 우선 스스로에게 물어보자. 꼭 써야 하는 이메일인가? 그래도 꼭 써야 한다면 간결하고 명확하게 쓰자.

우선, 이메일의 목적이 무엇인지를 생각해 보자. 화풀이를 하는 게 목적이라면 당장 이메일을 지워 버려라. 질책하는 이메일은 이슈가 효율적으로 정리되어 문제가 해결되기를 바라는 목적으로 쓰는 이메일이다. 불편한 부분을 지적하는 것을 넘어, 앞으로 상황이 어떻게 되기를 바라는지, 상대방이 어떻게 행동해 주기를 바라는지에 더 집중하자.

둘째로, 피드백을 통해서 도움을 주고 싶다는 것을 상대방에게 알리자. 또한 회사의 모든 사람들이 그렇게 생각하고 있다고 일반화하지 말고 개인적인 의견이라는 점도 밝히자.

셋째, 이메일 창에서 직접 메일을 작성하지 말 것. 실수로 정돈되지 않은 메일을 보낼 가능성이 있기 때문이다. 워드나 한글 등 다른 문서를 열고 초안을 작성하자. 한번 보낸 이메일은 기록으로 남아 영원히 사라지지 않는다는 점을 기억하자.

마지막으로, 이메일을 다 쓰고 나서도 과연 이 이메일을 보내는 게 최선의 방법인지 다시 한번 자문하라. 그 사람과 직접 만나 대화하는 게 더 나은 해결 방법일 수도 있다. 이메일을 보내기 전에 소리 내어 읽어 보자. 그냥 눈으로 볼 때보다 이메일을 소리 내어 읽으면 받는 사람의 입장에서 볼 기회가 생긴다.

| 예시 1 | 중요한 보고서에 숫자가 틀린 경우

Request for clarification on 2H report 하반기 보고서에 대한 설명 요청

Hi Todd,

I am writing to request clarification on the 2H report. I have tried to understand the matter, but I am still unsure about some figures. I would appreciate it if you could provide me with some additional information and help me fully understand the situation.

하반기 보고서에 대한 설명을 요청하기 위해 메일을 씁니다. 이 문제를 이해하려고 노력했지만 일부 수치에 대해 여전히 확신이 서지 않습니다. 몇 가지 추가 정보를 제공해 주어서 제가 상황을 완전히 이해할 수 있도록 도와주시면 감사하겠습니다.

I would be grateful if you could take the time to answer the following questions:

시간을 내어 다음 질문에 답변해 주시면 감사하겠습니다:

• [Question 1] [질문 1]

실전 비즈니스 영어 이메일

• [Question 2] [질문 2]

Thank you for your time and effort. I look forward to hearing back from you soon.

당신의 시간과 노력에 감사합니다. 곧 연락 주시길 기다리겠습니다.

Best,

Danielle

| 예시 2 | 리서치에 타깃 층이 잘못 설정되어서 팀 전략 수립에 문제가 생긴 경우

Dear Sy,

I am writing to express my concern about the social listening project. I have noticed that the target audience is not accurate. This is not only affecting me but also affecting global team strategy.

소셜 리스닝 프로젝트에 대한 우려를 전하기 위해 메일을 씁니다. 타깃 고객이 정확하지 않다는 것을 알게 되었습니다. 이는 저뿐만 아니라 글로벌 팀 전략에도 영향을 미치고 있습니다.

I kindly request your assistance in resolving this matter as soon as possible. I am confident that with your help, we can find a solution that benefits everyone involved.

가능한 한 빨리 이 문제를 해결할 수 있도록 도움을 요청합니다. 당신의 도움으로 관련된 모든 사람에게 이익이 되는 해결책을 찾을 수 있을 것이라 확신합니다.

Please let me know your thoughts on this matter and how we can move forward. I would be more than happy to provide any additional information or support you may need.

이 문제에 대한 당신의 생각과 앞으로 나아갈 수 있는 방법을 알려 주세요. 필요한 추가 정보나 지원이 있다면 기꺼이 제공해 드리겠습니다.

Thank you for your time and consideration. I look forward to hearing from you soon.

시간과 배려에 감사드립니다. 곧 연락 주시길 기다리겠습니다.

Best,

Danielle

| 예시 3 | 말도 없이 중요한 미팅에 불참한 동료에게

Hi Dino,

I want to reach out and talk about your absence at the meeting with Ms. Koh this morning. I know you've been busy with a few big projects, but missing a meeting with a client can create a bad impression of our company.

오늘 아침 고 사장님과의 미팅에 불참하신 것에 대해 말씀드리고 싶어서요. 큰 프로젝트 몇 건 때문에 바쁘신 건 알지만 고객과의 미팅에 불참하면 우리 회사에 대한 이미지가 나빠질 수 있습니다.

In the future, could you please let me know if you'll be able to make it to the meetings I invite you to? It'll help me prepare the right material and know if we need to reschedule. I hope that you can see where I'm coming from and that we can work together in a professional manner.

앞으로는 제가 초대하는 미팅에 참석할 수 있는지 알려 주시겠어요? 그러면 제가 적절한 자료를 준비하고 일정을 변경해야 하는지 파악하는 데 도움이 될 것입니다. 제 입장을 이해해 주시고 프로페셔널한 자세로 함께 일할 수 있기를 바랍니다.

Thanks,

Danielle

부정적인 피드백에 답하기

부정적인 피드백을 받으면 당연히 기분이 좋지 않다. 사람들은 자신을 실제보다 긍정적으로 평가하는 성향이 있다. 부정적 피드백을 받으면 일단 거부감이 앞서고 인정하지 않으려는 마음이 든다. 이때 얼마나 현명하게 대응하느냐가 당신의 성장 포인트가 될 수 있다.

부정적 피드백을 받았을 때는 나의 감정과 기분을 먼저 돌아보자. 그리고 피드백을 준 사람의 의도를 생각해 보자. 의도를 정확히 모르겠을 경우에는 그 사람에게 직접 물어보자. 부정적 피드백은 상사 입장에서도 하기 어렵다. 용기 내어서 피드백을 준 상사의 정직함에 감사를 표하자. 비판을 이해하고 개선하려는 노력을 보여 주자. 개선 사항을 논의하고 진행 사항을 평가하기 위한 후속 미팅이나 노력을 제안하자.

| 예시 |

Hi Tamara,

I appreciate your candid review of my performance. I am aware that I could improve on a number of things, especially in areas like collaboration and punctuality. I want to take actions to improve my approachability and dependability as a team player. Would it be possible to create and go over a plan in person? I would value your opinion on this. I'm available at your earliest convenience.

제 성과에 대한 솔직한 평가에 감사드립니다. 특히 협업과 시간 엄수와 같은 부분에서 제가 개선해야 할 점이 많다는 것을 알고 있습니다. 팀원으로서 접근성과 신뢰성을 개선하기 위한 조치를 취하고 싶습니다. 직접 뵙고 계획서를 작성하고 검토할 수 있을까요? 이에 대한 의견을 주시면 감사하겠습니다. 최대한 빠른 시일 내에 만나 뵙겠습니다.

Best,
Danielle

06

실수에
대해
사과하기

실수로 이메일 보내기 버튼을 잘못 눌러서 "Dear OOO,"라고만 쓴 이메일을 발송한 경험이 누구나 한 번쯤 있을 것이다. 첨부 파일을 참고하라고 해 놓고서는 정작 파일을 첨부하지 않은 적도 있고 말이다. 사실 이 정도는 귀여운 실수다.

일을 하다 보면 누구나 크든 작든 실수를 한다. 실수를 인지하면 바로 실수를 분명히 시인하고, 적절한 사과의 이메일을 보내야 한다. 실수했을 때 어떻게 이메일로 커뮤니케이션하는지를 배워 두자. 반드시 유용하게 쓰일 날이 온다.

사과의 이메일을 보낼 때 첫 번째로 할 일은 당연하게 자기 실수를 인정하고 사과하는 것이다.

- **I am sorry that I hit the wrong button.** 잘못된 버튼을 눌러 죄송합니다.
- **I apologize to you for my last email.** 지난번 이메일에 대해 사과드립니다.
- **We want to apologize for any inconvenience our mistake might have caused you.** 저희의 실수로 불편을 드려 죄송합니다.

- **We are really sorry that our service didn't turn out as expected.**

  서비스가 예상대로 되지 않아서 정말 죄송합니다.

- **We realized that the outreach emails we sent to you yesterday did not get through to you on time.**

  어제 보내 드린 지원 이메일이 제시간에 전달되지 않은 것을 확인했습니다.

이때 주의할 점이 있다. "사과드립니다/죄송합니다(I apologize/I am sorry)" 여야지, "하지만"이라고 토를 달지 마라. "죄송합니다. 하지만…(I apologize, but... / I am sorry, but...)"은 안 된다. 비벌리 플랙싱턴Beverly D. Flaxington이 〈Psychology Today〉에 기고한 글에 따르면, 실수했을 때 "기분이 나쁘셨다니 죄송해요.(I'm sorry you were offended.)", "마음이 상했다면 미안해요.(I'm sorry if your feelings were hurt.)"라고 하는 것은 수동 공격passive-aggressive에 해당한다. 이런 표현은 그 사람의 기분이 상한 것은 내 책임이 아니라 오히려 기분 상한 네 탓이라고 은근슬쩍 상대방을 수동적으로 공격하는 것이다. 따라서 토를 달지 말고 이쪽의 실수나 잘못에 대해 분명하게 사과하는 것이 필요하다.

실수를 인정했다면 그다음에는 공감empathy을 표현해 주는 것이 좋다. 나의 행동과 실수가 상대방에게 어떤 느낌을 주었을지 그 사람의 입장이 되어 이해하는 것이 중요하다. 그것을 표현했을 때 상대는 내 진정성을 느끼고 마음을 열 것이다.

- **I understand that my message upset you.**
  제 메시지에 화나신 것 이해합니다.

- **This must be so confusing and frustrating for you. I wish I could do more to help.**
  정말 혼란스럽고 답답하시겠어요. 제가 더 많은 도움을 드릴 수 있었으면 좋겠습니다.

마지막으로, 상황 개선을 위해서 어떤 노력을 할 것인지 제안하자.

- **We recently advised you that your password had changed. Please use the new password we sent to you. If you still have difficulties signing in, please feel free to contact me again.**
  최근에 비밀번호가 변경되었음을 알려 드렸습니다. 저희가 보내 드린 새 비밀번호를 사용하세요. 그래도 로그인에 어려움이 있으시면 언제든지 다시 연락 주시기 바랍니다.

- **In order to make this up to you, we will provide regular checkups for 3 months.**
  이 문제를 보상하기 위해 3개월 동안 정기 점검을 제공해 드리겠습니다.

- **I can assure you that I will never make the same mistake again.** 다시는 같은 실수를 하지 않겠다고 약속드립니다.

끝으로, 앞으로 더욱 건설적인 관계를 만들어 가자는 희망적인 맺음말로 이 메일을 마무리하면 좋다.

- **I look forward to working with you in the future.**
  앞으로 함께 일할 수 있기를 기대합니다.

- **I trust we can put this situation behind us.**
  이 상황을 극복할 수 있다고 믿습니다.

- **We will never make the same mistake again and hope you will continue to work with us.**
  다시는 같은 실수를 반복하지 않겠으며 앞으로도 계속 협력해 주시길 바랍니다.

- **I hope this apology closes the matter and enables us to move forward positively.**
  이 사과로 문제가 마무리되고 앞으로 긍정적으로 나아갈 수 있기를 바랍니다.

물론, 이렇게 진심으로 사과해도 해결되지 않을 수 있다. "죄송합니다"라는 말 이상의 것이 필요한 경우도 있다. 진심을 담아 이메일을 쓰되 상한 감정이 치유될 수 있도록 기다리는 것도 필요하다. 시간을 주자.

| 예시 1 | 약속 시간을 놓쳤을 때

Hi Joelle,

I'm so sorry that I wasn't able to attend our appointment this morning. I had a critical meeting that overran, and when I realized what time it was, it was already too late.

오늘 아침 약속에 참석하지 못해서 정말 죄송합니다. 중요한 회의가 예정 시간보다 오래 진행되었고, 몇 시인지 알아차렸을 때는 이미 너무 늦은 시간이었습니다.

I wanted to write you a quick note in addition to the voicemail apology that I left at your office. I sincerely apologize for causing you such a big problem.

사무실에 남긴 음성 메일 사과와 함께 간단한 메모를 남기고 싶었습니다. 큰 문제를 일으켜서 진심으로 사과드립니다.

I realize that a mere apology won't make up for the time you missed, but please know that skipping appointments is in no way indicative of the excellent standards that our company is known for.

단순한 사과로는 놓치신 시간을 만회할 수 없다는 것을 잘 알고 있지만, 약속을 건너뛰는 것은 저희 회사의 우수한 평판에 전혀 부합하지 않는다는 점을 알아 주시기 바랍니다.

If you could come back to me as soon as you can, I'd be happy to reschedule our meeting for a time that works for both of us.

가능하실 때 다시 연락을 주시면 저희 둘 다 가능한 시간으로 미팅 일정을 다시 잡도록 하겠습니다.

Please accept my heartfelt apologies once more, and I look forward to hearing back from you shortly.

다시 한번 저의 진심 어린 사과를 받아 주시기를 바라며, 곧 연락 주시기를 기다리겠습니다.

Sincerely,
Emily

| 예시 2 | 제품 서비스의 이슈에 대한 사과

Dear Dave,

I would like to sincerely apologize for the poor-quality service you received from us at OOO. We recognize that we failed to live up to your expectations and understand how frustrated and upset you were.

OOO에서 제공해 드린 서비스 품질이 좋지 않은 점에 대해 진심으로 사과드립니다. 저희는 고객님의 기대에 부응하지 못했음을 인지하고 있으며 얼마나 실망스럽고 속상하실지 이해합니다.

All of us at OOO would like to sincerely apologize for the service you received. Considering your experience, we are making changes to ensure this never happens again.

실전 비즈니스 영어 이메일

OOO의 모든 임직원은 고객님께서 경험하신 서비스에 대해 진심으로 사과드립니다. 고객님의 경험을 고려하여 다시는 이런 일이 발생하지 않도록 개선책을 마련하고 있습니다.

We hope you will continue to work with us and look forward to hearing from you in due course.

앞으로도 저희와 계속 협력해 주시길 바라며, 조만간 다시 연락 주시기를 기다리겠습니다.

Yours Sincerely,

Jason

| 예시 3 | 상사에게 사과하는 이메일

Hello Kay,

I'd like to apologize for the recent blunders I've committed. I take pride in my work and realize this reflects poorly on myself and the organization.

최근 제가 저지른 실수에 대해 사과드리고 싶습니다. 저는 제 업무에 자부심을 가지고 있으며, 이 실수가 제 자신과 조직에 좋지 않은 영향을 미친 것을 알고 있습니다.

I want to tell you that I am dedicated to learning and will never make these mistakes again. I personally want to thank you for your assistance and promise to return it in the future.

저는 배움에 전념하고 있으며 다시는 이러한 실수를 저지르지 않겠다는 말씀을 드리고 싶습니다. 도움에 감사드리며 앞으로 보답할 것을 약속드립니다.

Finally, thank you for your continued trust in me; it is really appreciated.

마지막으로 저에 대한 변함없는 신뢰에 진심으로 감사드립니다.

Best wishes,

Mina

사과할 때 자주 쓰는 표현들

☑ I sincerely/highly/greatly/deeply apologize.
　진심으로/매우/대단히/깊이 사과드립니다.

☑ I would like to express my sincere apology for...
　…에 대해 진심으로 사과드립니다.

☑ I apologize for what happened. 이번 일에 대해 사과드립니다.

☑ I apologize on behalf of the company. 회사를 대표하여 사과드립니다.

☑ I am sorry for disappointing you. 실망시켜 드려 죄송합니다.

☑ I am sorry to bother you again. 또 다시 폐를 끼쳐 죄송합니다.

☑ I am so sorry about this. 이번 일은 정말 죄송합니다.

☑ Please accept my sincere apologies for the inconvenience caused.
　불편을 끼쳐 드린 점 진심으로 사과드립니다.

☑ Please accept my apologies for the late response/short notice.
　늦은 답변/촉박한 공지에 대해 다시 한번 사과드립니다.

☑ My apologies. I forgot to attach... 죄송합니다. …을 첨부하는 것을 잊어버렸습니다.

☑ My apologies for the mistake. 실수해서 죄송합니다.

☑ My apologies for the delay in sending the document.
　문서 전송이 지연되어 죄송합니다.

☑ My apologies for the last-minute request.
　촉박한 요청에 대해 사과드립니다.

☑ A heartfelt apology for... …에 대해 진심으로 사과드립니다.

☑ I'm sorry for the typo/issue/mix-up/behavior.
　오타/문제/혼동/행동에 대해 죄송합니다.

☑ I'm sorry for bothering you. 번거롭게 해 드려 죄송합니다.

☑ I'm sorry for not getting back to you sooner.
　더 빨리 연락드리지 못해서 죄송합니다.

☑ Sorry. I was mistaken. / Sorry. It was a mistake.
　죄송합니다. 제가 착각했어요. / 죄송합니다. 실수였어요.

☑ I'm sorry I overlooked your email. 이메일을 간과해서 죄송합니다.

☑ I'm sorry I couldn't attend the meeting. 회의에 참석하지 못해서 죄송합니다.

07

퇴사하거나
부서를
옮길 때

떠나는 사람이 남기는 글

회사 생활을 하다 보면 퇴사하는 사람이 남기는 작별 인사 메일을 은근히 자주 접하게 된다. '회자정리 거자필반'이라는 말처럼, 회사를 떠나더라도 그곳의 사람들과는 언제 어디에선가 다시 만나게 된다. 따라서 떠날 때는 아름다운 마무리를 짓고 가는 게 좋다. 세상은 생각보다 좁고, 첫인상만큼 중요한 것이 마지막 인상이니까.

모든 사람에게 일일이 대면 인사를 하기는 어렵기 때문에 이메일이나 인트라넷 포스팅을 쓰는 경우가 많다. 메타에서는 퇴사 인사를 회사의 배지를 반납하며 배지 사진과 함께 올리는 글이라 'badge post'라고 한다.

사람들의 badge post를 읽는 것은 흥미롭다. 아마도 가장 시간을 들이고 공을 들여서 쓰는 이메일이기 때문일 것이다. 회사에서 한 사람이 어떤 시간을 보내며 성장했는지, 그걸 어떻게 회고하고 있는지가 짙게 묻어난다.

저마다의 사연과 역사가 담긴 이메일이기 때문에 정해진 형식이 있지는 않다. 마지막 인사를 쓸 때는 대부분 자신이 일했던 기간 동안 성취했거나 가장 인상적이었던 일을 쓴다. 또, 그간 자신을 도왔던 사람들에 대한 감사를 표하기도 한다. 마지막으로 회사를 나간 이후에도 사람들이 연락할 수 있도록 이메일, 전화번호, 인스타그램 아이디 또는 링크트인 주소를 남기기도 한다. 이와 함께 퇴사일을 적어서 사람들이 마지막 인사나 메일을 보낼 수 있는 기한을 알려 주는 것도 좋다.

- My final day is June 10, which is coincidentally also my 3rd work anniversary. I've had an incredible three years here and feel so privileged to have worked here.

  저의 마지막 근무일은 6월 10일로 공교롭게도 입사 3주년이 되는 날이기도 합니다. 지난 3년은 정말 멋진 시간이었고, 이곳에서 일할 수 있어서 정말 영광이라고 생각합니다.

- Today, I want to share some personal news with all of you. After nearly 5 incredible years at OOO, everyone on the MKT team, I have decided to embark on a new adventure. My last day is Friday, Jan. 28.

  오늘은 여러분 모두와 개인적인 소식을 나누고자 합니다. 마케팅 팀원 여러분. 저는 OOO에서 거의 5년이라는 놀라운 시간을 보낸 후 새로운 모험을 시작하기로 결정했습니다. 저의 마지막 근무일은 1월 28일 금요일입니다.

- I've had the privilege of working with a group of people who are so tremendously creative and talented, and I'm happy about the progress we've made as a team while I've been here. I want to thank each and every one of you for your assistance, cooperation, and friendship over the past five years as I embark on my new path.

  저는 엄청나게 창의적이고 재능 있는 사람들과 함께 일할 수 있는 특권을 누렸고, 제가 이곳에 있는 동안 우리가 팀으로서 이룬 발전에 대해 기쁘게 생각합니다. 새로운 길을 떠나면서 지난 5년간 여러분 한 분 한 분의 도움과 협력, 우정에 감사드리고 싶습니다.

- I am incredibly grateful for the time I've spent working with such a uniquely talented and innovative team, and I'm proud of the accomplishments we've made together

실전 비즈니스 영어 이메일

during my time here. As I transition to my new journey, I want to extend my thanks to each and every one of you for your support, collaboration, and friendship over the past 3 years.

독특하고 재능 있고 혁신적인 팀과 함께 일할 수 있었던 시간에 대해 매우 감사하게 생각하며, 근무 기간 동안 함께 이룬 성과에 대해 자랑스럽게 생각합니다. 새로운 여정을 시작하면서 지난 3년 동안 지원과 협력, 우정을 보내 주신 모든 분들께 감사의 말씀을 전하고 싶습니다.

- **I am handing over my matters/portfolio to the excellent hands of the people listed below.**

제 업무/포트폴리오를 아래 나열된 분들의 훌륭한 손에 넘겨 드리고자 합니다.

→ 후임자를 명시하는 경우도 있다.

| 예시 1 |

Well, I never imagined that my badge post would be written two months after giving birth while I was on maternity leave and not of my own volition after almost seven years. I am a writer; therefore, I would have created lovely words about how much I adore this location, the difference we have made as a team, and most of all, the people. I just don't have them right now. So for the time being, a hastily taken badge photo at 3:00 a.m. will have to do. Here is my information for all of you whom I consider friends (and family!):

출산 후 두 달 만에, 그것도 거의 7년 만에 제 의지가 아닌 육아 휴직 중에 배지 포스트를 쓰게 될 줄은 상상도 못했습니다. 저는 글을 쓰는 사람이기 때문에 이곳을 얼마나 사랑하는지, 우리가 팀으로서 만들어 낸 변화, 그리고 무엇보다도 사람들에 대해 멋진 글을 썼을 것입니다. 지금은 그런 말을 쓸 수가 없네요. 당분간은 새벽 3시에 급하게 찍은 배지 사진으로 대신해야 할 것 같습니다. 제가 친구(그리고 가족!)라고 생각하는 모든 분들을 위해 제 정보를 알려 드립니다.

Email: abcde@gmail.com

Phone: 111) 361-5817

IG @abookcloset

| 예시 2 |

This is my badge post. I feel bittersweet. Thank you for sticking with me all these years and for your partnership and friendship along the road. From the outside, I'll continue to cheer for the company and all of you. It's been a wild (rocket) journey!

Onward!

제 배지 포스트입니다. 시원섭섭한 기분이 듭니다. 오랜 시간 동안 저와 붙어 있어 주시고 파트너십과 우정을 베풀어 주신 여러분께 감사드립니다. 밖에서도 계속해서 회사와 여러분 모두를 응원하겠습니다. 정말 신나는 (쏜살같은) 여정이었습니다!
앞으로!

| 예시 3 |

After almost 4 years at OO, it is time for me to go on my next adventure! Although I'm excited to move on to an amazing opportunity, I am sad to leave so many wonderful colleagues and friends behind. My heart is heavy, but it is full.

OO에서 거의 4년간 근무한 후, 이제 다음 모험을 떠날 때가 되었습니다! 멋진 기회로 나아갈 생각에 설레기도 하지만, 많은 훌륭한 동료와 친구들을 두고 떠나야 한다는 사실이 슬프기도 합니다. 제 마음은 무겁지만 가득 차 있습니다.

I will leave you with my favorite quote from Maya Angelou. I think it's a great reminder for all of us:

"I've learned that people will forget what you said, people will forget what you did, but they will never forget how you made them feel."

제가 가장 좋아하는 마이아 앤젤로의 명언을 남기겠습니다. 우리 모두에게 큰 교훈을 주는 말이라고 생각합니다.
"사람들은 당신이 한 말은 잊어버리고, 당신이 한 일은 잊어버리지만, 당신이 그들에게 어떤 느낌을 주었는지는 결코 잊을 수 없다는 것을 배웠습니다."

In the midst of everything that is going on, remember to make others feel valued, respected, and that they matter. 🩶

Thank you for letting me be a part of your journey.

All the best to you!

모든 일이 진행되는 동안, 다른 사람들이 가치 있고 존중받으며 자신이 중요하다고 느끼도록 만드는 것을 잊지 마세요.

여러분의 여정에 함께할 수 있게 해 주셔서 감사합니다.

여러분 모두 화이팅!

떠나는 사람에게 보내는 farewell message

반대로 회사를 떠나는 사람에게는 어떤 말을 남기는 것이 좋을까? 요새는 회사에서 링크를 만들어서 그 사람들을 위해서 말을 남길 수 있는 온라인 버전 롤링 페이퍼를 제공한다. 아래와 같이 이메일로 링크와 함께 공유한다.

· **For those who didn't get the chance to say your proper goodbyes, you can still do so on this board.**

제대로 작별 인사를 하지 못한 분들은 이 게시판에 남길 수 있습니다.

다음은 나의 매니저였던 스라반티 데브^{Sravanthi Dev} 씨가 승진해 글로벌 팀으로 이동할 때 여러 사람들이 남긴 farewell message이다. 간단한 버전부터 애정이 듬뿍 담긴 버전까지 다양한 사례를 볼 수 있어서 허락을 받고 공개한다.

- You will be sorely missed here. Congratulations!

  이곳 사람들이 정말 그리워할 거예요. 축하합니다!

- Best wishes for your new adventure. 새로운 모험에 행운을 기원합니다.

- Best of luck at your new job. 새로운 자리에서 행운을 빕니다.

- May you have as much success as you did here. Best wishes! 여기서 했던 것처럼 많은 성공을 거두길 바랍니다. 행운을 빕니다!

- I hope your new team knows how lucky it is to have you!

  새 팀에서도 당신이 있어서 얼마나 행운인지 알기를 바랍니다!

- Goodbye is just goodbye for now. Best of luck on your new journeys! 영원한 이별은 아니리라 믿습니다. 새로운 여정에서 행운을 빕니다!

- Today, I lost a work friend, but your new team gained an awesome employee.

  오늘 저는 직장 친구를 잃었지만 당신의 새 팀은 멋진 직원을 얻었습니다.

- Wishing only the best for you, Sravanthi! Thanks for everything and stay in touch.

  항상 좋은 일만 있기를 기원합니다. 스라반티! 모든 것에 감사하고 계속 연락해요.

- All the best, Sravanthi, for your next adventure. I am sure you will shine at whatever you do. Thank you for your guidance and mentorship.

  다음 모험을 위해 행운을 빌어요. 스라반티. 무슨 일을 하든 빛날 거라고 확신합니다. 지도와 멘토링에 감사드립니다.

- We're going to miss you at APAC. Thank you for your partnership and everything you've done for us here. Wishing you all the best and keeping in touch!

  아태 지역 직원들이 그리워할 거예요. 그동안의 파트너십과 저희를 위해 해 주신 모든 일에 감사드립니다. 건승을 기원하며 계속 연락을 드리겠습니다!

- Uhhhhh, what can I say but thank you. Who knew there'd be a stint in Singapore that was so memorable? Thank you for being excellent and for leading our teams. There will definitely be a space not filled at APAC for a while...

어, 감사하다는 말밖에 할 말이 없네요. 싱가포르에서의 근무가 이렇게 기억에 남을 줄 누가 알았겠
어요? 훌륭하게 팀들을 이끌어 주셔서 감사합니다. 한동안 아태 지역에 빈자리가 느껴질 것 같습니
다…   *stint: (일정 기간 동안의) 근무, 활동

- **I REFUSE to say goodbye because, well, it's not. Thank
  you for making my first few months so incredibly smooth.
  We're going to miss you in this part of the world, but we
  are equally excited for your new adventure!** 작별이 아니기에 작별
  인사를 '거부'합니다. 저의 첫 몇 달을 믿을 수 없을 정도로 순조롭게 보내게 해 주셔서 감사합니다.
  이 지역에서는 당신이 그리울 테지만, 당신의 새로운 모험에 대한 기대도 똑같이 큽니다!

- **I am so going to miss you! Thanks for being an amazing
  leader, mentor, and friend. I truly appreciate you! All the
  best in the U.S. and pls, pls stay in touch!** ❤
  정말 보고 싶을 거예요! 훌륭한 리더이자 멘토, 친구가 되어 주셔서 고마워요. 진심으로 감사드립니
  다! 미국에서 행운이 가득하길 바라며, 앞으로도 계속 연락 주세요!

| 예시 |

Hi Cecile,

In the words of our icon, Jennifer Coolidge, "I think I'm going to be a
little bit emotional," as I'm 100% in denial that you are leaving! I'm going
to miss you so much and truly appreciate what an amazing colleague and
more importantly, friend, you've become. The OO comms team is so
lucky to be getting you. I know it's not farewell but see you soon as I will
definitely be seeing you soon! Safe travels.

저희의 아이콘인 제니퍼 쿨리지의 말을 빌리자면, "조금 감정이 격해질 것 같아요." 당신이 떠난다는 사실을
100% 부정하고 있기 때문입니다! 정말 보고 싶을 거고, 훌륭한 동료이자 더 중요하게는 친구가 되어 준 것
에 대해 진심으로 감사해요. OO 커뮤니케이션 팀은 당신을 얻게 되어 정말 행운입니다. 작별 인사가 아니라
곧 다시 만나자고 할래요. 분명히 곧 만나게 될 테니까요! 안전한 여행 되세요.

With love,
Danielle

전주현
로레알 코리아 Chief Consumer Officer

Q 자기소개 부탁드립니다.

로레알 코리아에서 20년째 Consumer Insight & Care 조직을 책임지고 있는 전주현이라고 합니다.

Q 영어 이메일에서 가장 중요한 것은 무엇이라고 생각하시나요?

명확한 의사소통이 가장 중요하지만 한국어로 메일을 쓸 때와는 달리 **불필요하게 직접적으로 감정이 전달되지 않도록 주의하는 것**이 필요하다고 생각합니다. 영어는 모국어가 아니기 때문에 단어 선택이나 톤을 조절하기 힘들 때가 있습니다. 따라서 다른 사람의 이메일을 많이 관찰하고 상황에 따라서 어떤 단어를 쓰는지, 어떤 식으로 표현하는지를 보면서 학습하는 것이 필요합니다.

Q 영어 이메일 관련 실수나 실패 경험이 있다면 공유해 주실 수 있을까요?

외국인 수신자가 많은 영어 이메일의 특성상 다양한 국적을 가진 분들의 이름을 잘못 써서 엉뚱하게 쓰는 실수를 한 적이 있습니다. 얼른 회수를 한다고 했지만 회수에 실패해 바로 사과 메일을 보냈던 경험이 있네요. 가끔 메일을 급하게 보낼 때 오타가 생기는 경우가 있으니 급할수록 주의해야 합니다. 또 이메일의 자동 교정(auto-correct) 기능이 잘못 적용되어 이상한 단어가 이메일에 포함되는 경우도 있습니다. 이건 캐나다에서 회계사로 근무하고 있는 친구의 이야기인데, kindly를 급하게 보내다 kidney로 수정되어 보내진 경우가 있었다고 합니다. 몇 십 억짜리 계약서에 대한 내용이 '내 신장(kidney) 줄게'로 바뀌어 농담 따먹기 같은 이메일이 되어 버린 것이죠(웃음).

영어 이메일 작성 시 나만의 노하우가 있다면?

시작이 반이라는 말처럼, **메일 제목을 잘 정하는 것**만으로도 이미 반 이상 성공했다고 생각합니다. 제목만 보고도 이 메일이 어떤 내용이고 어떤 행동을 취해야 하는지를 분명히 알 수 있도록 한다면 수신자의 시간을 절약할 수 있고 성공적인 답변을 이끌어 낼 수 있습니다. 저는 제목을 정하는 데 비교적 많은 시간을 쓰고 있어요.

마지막으로, 영어 이메일로 고민하는 분들을 위해 조언 부탁드립니다.

기본적으로 한국어로 메일을 쓸 때와 영어로 메일을 쓸 때의 주의할 점이 크게 다르지 않다고 생각합니다. 다만 영어로 표현이 될 때는 **유연성을 잃기 쉬운 경우**가 있어 이 부분만 조심하면 좋을 것 같습니다. 영어로 이메일을 쓸 때 영어 표현이 한국말보다 단정적이고 딱딱해지는 경우가 많더라고요. 한국어로는 쉽게 공감 가능한 감정들이 영어로는 우리가 사전적 정의로 배운 단어의 의미에 갇혀 제대로 전달이 안 되는 경우가 있기 때문이죠. 그럴 때 내가 영어 단어 선택이나 표현에서 유연하지 못한 게 아닐까 고민이 되더라고요.

또 한 가지 조언은, **상대방이 보내는 단어나 표현을 잘 담아 두었다가 나중에 사용하는 것**입니다. 업무적인 글쓰기이기 때문에 자주 쓰는 표현이 정해져 있습니다. 저는 네이티브 스피커 친구들의 이메일을 교본이라고 생각하고 참고합니다. 그들은 저에 비해서 더 유연하게 표현할 때가 많은 것 같아요.

T I P S ChatGPT를 비즈니스 영어 이메일 작성에
이용하기

Open AI사의 ChatGPT가 나온 이후 많은 것이 달라졌다. 사람들은 사전 학습된 대화형 인공지능 플랫폼인 ChatGPT를 일상생활의 일부로 받아들였다. 궁금한 것이 있을 때마다 ChatGPT에게 묻고, 학교 과제를 할 때, 논문을 쓸 때도 ChatGPT를 이용한다. 기본 언어가 영어인 ChatGPT를 활용해 영어를 공부하며 효율적인 영어 공부 팁을 전수받기도 한다. ChatGPT는 대화형 인공지능이기 때문에 내가 어떻게 질문하느냐에 따라서 매번 다른 답변을 받을 수 있다. 그럼 비즈니스 영어 이메일 쓰기에 ChatGPT를 어떻게 이용하면 좋을까?

ChatGPT는 지식은 방대하나 아직 어떤 대답을 어떻게 하면 좋을지는 잘 모르는 전문가라고 생각하면 된다. 이 인공지능은 기존의 데이터 정보 정리와 요약에 강하다. 따라서 질문만 잘하면 내가 원하는 답을 얻을 수 있다. 어떻게 질문하느냐에 따라서 다른 답을 내놓는 것이 ChatGPT이기 때문에, 영어 이메일 작성을 요청할 때도 아래와 같은 점에 주의해서 질문하면 좋은 이메일을 뽑아낼 수 있다.

1. **이메일의 목적과 내용을 명시하자**: 어떤 목적으로 쓰는 이메일인지 명확하게 정의하자. 구체적인 상황과 목적, 수신자와의 관계 등을 제시하고 이메일 작성을 요청하자.

2. **배경과 필요한 정보를 제공하자**: 우리가 부하 직원에게 일을 시킬 때와 마찬가지로, 단순히 지시만 하지 말고 배경을 설명해 주면 ChatGPT의 이해도가 높아져 더 좋은 답을 제시해 줄 수 있다. 최대한 자세하게 구체적인 상황을 설명하고 필요한 정보를 제공하면서 물어보는 것이 중요하다. 이메일은 작성자와 수신자의 관계에 따라 내용 및 어투 등이 달라진다. 역할을 구체적으로 설정해서 제시하면 좀 더 현실적인 이메일 답변을 받을 수 있다.

3. **짧고 간결한 이메일을 요청하자**: ChatGPT는 길고 매우 정중하게 이메일을 쓰는 경향이 있다. 하지만 책에서 배웠듯, 이메일에서는 직관적이고 간결한 문장이 더 좋다. ChatGPT가 장황하고 긴 메일을 작성했을 경우, 다시 '길이를 줄여 달라(Can you make the email

shorter?)'거나 '좀 더 가벼운 어조로 만들어 달라(Can you rewrite the email in a more casual tone?)'와 같이 추가로 요청하자. 너무 긴 형식이나 부자연스러운 표현보다는 일상적인 대화 스타일로 요청하자. 이렇게 하면 간결하고 효과적인 이메일을 얻을 수 있다.

4. **반드시 최종 검토와 편집을 거치자**: ChatGPT는 다양한 표현을 알고 구사하는 네이티브 스피커와 같지만, 때로는 상황에 어울리지 않는 부적절한 표현을 생성할 수도 있다. 따라서 ChatGPT로 작성한 이메일은 꼭 최종 검토와 편집 과정을 거쳐야 한다. 표현의 일관성 등을 확인하고 필요한 수정을 가하는 것이 좋다.

■ ChatGPT를 이용하는 세 가지 방법

❶ **ChatGPT사이트에 접속하기**: chat.openai.com에 접속해서 로그인 후에 사용할 수 있다. Chat GPT는 2023년 8월 현재 GPT 4.0 버전까지 나와 있는데 이 버전을 사용하기 위해서는 월20달러 정도의 비용을 지불해야 한다. 이전 버전(GPT 3.5)은 무료로 사용 가능하지만 2021년 9월까지의 데이터만 반영된다.

❷ **카카오톡의 AskUp 이용하기**: 카카오톡 플러스 친구 검색창에서 'AskUp'을 치면 채팅을 통해서 ChatGPT를 활용할 수 있다. 그냥 질문을 하면 GPT 3.5버전으로 답을 해 주고, 질문 앞에 느낌표(!)를 붙이면 GPT 4.0 버전으로 답해 준다.

❸ **마이크로소프트 검색 툴 Bing 이용하기**: bing.com에 접속하면 인공지능 검색 서비스인 새 Bing 채팅을 사용해 보라는 제안이 뜬다. bing.com/new에 바로 접속해서 이용할 수도 있다. 인공지능이 실시간으로 검색해서 답변을 하는 것이 ChatGPT와 다른 점이다. 연관 질문을 제시해 주고 관련 정보가 있는 사이트 링크도 제공하기 때문에 종합적으로 참고할 수 있다. 또한 답변 스타일을 '창의적인', '균형 잡힌', '정밀한' 세 가지 중에서 선택할 수 있다.

■ ChatGPT를 이용한 이메일 작성 예시

글로벌 회사에서는 출장을 갈 때 별도의 계약된 여행사를 통해 티켓을 예약하는 경우가 있다. 이때는 이메일로 호텔이나 항공권 예약을 요청한다. 여행사에 보낼 예약 요청 이메일 작성을 ChatGPT에게 부탁해 보았다.

．．

ME

I want to book a hotel for my business trip to LA on Sep. 16–20. Can you please write an email requesting a reservation?

로스앤젤레스로 9월 16–20일 출장이 잡혀서 호텔 예약을 하고 싶은데, 예약을 요청하는 이메일을 써 주시겠어요?

ChatGPT

Subject: Hotel Booking Request for Business Trip to LA (Sep. 16–20)

Dear [Hotel Name] Reservations Team,

I hope this email finds you well. My name is [Your Name], and I will be traveling to Los Angeles for a business trip from September 16th to September 20th. I am writing to inquire about the availability of rooms at your esteemed hotel for the specified dates.

As this trip is an integral part of my work commitments, I am seeking comfortable and convenient accommodation. Having heard exceptional reviews about [Hotel Name], I am particularly interested in staying at your establishment during my visit.

Could you please provide me with information regarding the following:

1. Availability of a single/double room for the specified dates (September 16–20).
2. Room rates and any corporate/business discounts that might apply.
3. Amenities and services offered by the hotel, such as Wi-Fi, business center, gym, etc.

4. Proximity of the hotel to [Your Meeting/Work Location].
5. Reservation process and any required documentation.

Furthermore, if you offer any special packages or services for business travelers, I would greatly appreciate receiving details about those as well.

In addition to my accommodation needs, I will also require assistance with transportation from the airport to the hotel. If your hotel provides shuttle services or can recommend reliable transportation options, please include that information as well.

I understand that you likely receive numerous inquiries, but I would be grateful for a prompt response. Timely confirmation will greatly assist in my travel planning and ensure a seamless stay in Los Angeles.

Please feel free to reach me at [Your Email Address] or [Your Phone Number] for any further communication or clarifications. I eagerly anticipate your positive response and the opportunity to experience the renowned hospitality of [Hotel Name].

Thank you for your time and assistance.
Best regards,
[Your Full Name]
[Your Job Title]
[Your Company]
[Your Contact Information]

Can you shorten it?

길이를 줄여 주실 수 있나요?

Subject: Hotel Booking Inquiry – Business Trip to LA (Sep. 16–20)

Dear [Hotel Name] Team,

I hope this message finds you well. I'm reaching out to inquire about room availability and rates for a business trip to Los Angeles from September 16th to 20th.

Please provide details on:
1. Room availability for single/double occupancy.
2. Rates and any applicable corporate/business discounts.
3. Included amenities like Wi–Fi, business facilities, gym, etc.
4. Proximity to [Your Meeting/Work Location].
5. Reservation process and required documentation.

Additionally, if there are special packages for business travelers, kindly share the information.

I'll also need transportation from the airport. Do you offer shuttle services or have recommendations?

Your swift response would greatly assist my travel planning.

Thank you,
[Your Full Name]
[Your Contact Information]

ME

Can you rewrite the email to be shorter and simpler?

더 짧고 간단하게 다시 작성해 주시겠어요?

ChatGPT

Subject: Hotel Inquiry for Business Trip to LA (Sep. 16-20)

Hi [Hotel Name] Team,

I'm looking for a room during my business trip to LA from September 16th to 20th. Please share availability, rates, and amenities. Also, any airport transportation options?

Thanks,
[Your Name]

....

위의 예시에서 보듯이, 대화형 인공지능은 현재로서는 지나치게 디테일하고 긴 이메일을 제시하는 경우가 많다. 그런데 비즈니스 영어 이메일에서는 거의 세 번째 결과에 가까운, 용건에 집중한 짧고 간단한 메일을 쓰는 경우가 많다. 이를 감안해서 처음 질문을 할 때부터 2-3문장 정도로 짧게 작성해 달라고 하는 것도 방법이다. 내가 아는 것이 많을수록 대화형 인공지능을 효과적으로 활용해 시간을 절약할 수 있다. 이렇게 비즈니스 영어 이메일 작성에 대화형 인공지능을 활용할 수는 있지만, 그냥 맡기기만 하면 안 된다. 내가 원하는 결과를 얻어 내려면 결국 내가 영어 이메일에 대해 잘 알고 있어야 한다.

epilogue

영화 〈신비한 동물들과 덤블도어의 비밀Fantastic Beasts: The Secrets of Dumbledore〉에서 주인공 뉴트 스캐멘더Newt Scamander가 덤블도어에게 이렇게 말한다.

"But even if we make mistakes, terrible things, we can try to make things right. And that's what matters: trying.(하지만 우리가 실수하고 끔찍한 일을 저지르더라도, 우린 그걸 만회하기 위해 노력할 수 있어요. 그게 중요한 거예요, 노력하는 거요.)"

그렇다. 우리가 살면서 얼마나 실수를 많이 하는가. 이메일을 보낼 때도 마찬가지다. 오타를 확인하지 못하고 발신 버튼을 눌렀을 때 얼굴이 화끈거린다. 고객의 이름을 잘못 쓴 걸 알았을 때는 정말 시간을 되돌리고 싶다. 하지만 이메일을 잘못 써도 세상이 무너지는 건 아니다. 괜찮다. 사과 메일을 잘 쓰고, 다음부터는 더 꼼꼼하게 신경 써서 나아지려고 노력하는 것, 그 노력이 우리의 이메일을 한 발짝 더 나아가게 만든다. 그러니까 다시 힘을 내자.

이 책은 영어 이메일 쓰기의 기술적인 측면을 넘어 역량 강화competency에 관한 책이다. 여러 다국적 회사에 다니면서 관찰한 내용이 이 책의 곳곳에 스며들어 있다. 이메일은 조직 문화와 업계의 분위기를 자연스레 반영한다. 이메일은 커뮤니케이션의 복잡성을 자신감 있게 헤쳐 나가는 데 필요한 도구를 제공한다. 영어 이메일 쓰기는, 자신의 마음을 표현하는 글쓰기이며 원하는 것을 주장하는 글쓰기이기도 하다. 어떤 어려움에 직면하더라도 자신의 생각을 명확하고 단호하며 정중하게 표현할 수 있는 지식을 배우고 성장하게 하는 좋은 도구다.

이 책을 마무리하면서 함께 이 여정을 시작한 독자들이 힘을 얻고 영감을 얻었으면 하는 바람이다. 효과적인 이메일 커뮤니케이션의 가치를 직업적 성장의 촉매제로 받아들였으면 좋겠다. 동료, 고객, 상사 등 누구에게 메일을 쓰든, 자신을 표현하고 아이디어를 영향력 있게 전달하는 능력에 자신감이 생겼기를 바란다.

이 책을 읽는 여러분은 성장하고 배우고 싶어 하는 사람일 것이다. 이런 소중한 마음을 인정해 주자. 차분히 그리고 꾸준히 연습하면 영어 이메일도 어렵지 않다. 이 책을 읽은 사람이라면 누구나 할 수 있다. 하지만 이메일 커뮤니케이션 기술을 익히는 것은 하루아침에 이루어지는 것이 아니다. 연습과 인내심, 지속적인 학습에 대한 의지, 무엇보다 꾸준한 노력이 필요하다. 노력은 어떻게 보면 시간과 마음을 쓰면 되는 가장 저렴한 투자이기도 하다. 이메일 하나하나를 기술을 연마하고 긍정적인 인상을 남길 수 있는 기회로 삼자.

이 책은 영어 이메일 작성에 대한 백과사전이라기보다는 주제와 예문이 반정도 섞인 노트다. 이 책에서 배운 기본 지식을 실제 업무에 활용하면서 새로운 이메일 표현을 수집하자. 한 번 읽었으면 다시 한번 읽고 밑줄 치고, 마음에 드는 문장을 적어 두자. 기록하고 저장하며 나만의 영어 이메일 쓰기 책을 만들어 보자. 나 역시 20년 이상 외국계 회사에서 영어를 쓰면서도 감을 잃지 않도록 매일 두 장씩 영어 책을 읽고 새로운 표현을 익힌다. 모국어가 아닌 이상 영어는 평생 익히며 계속해서 알아 가는 언어인 것이다.

　이 여정에 함께한 젊은 전문가 여러분, 성장과 발전을 위한 여러분의 노력을 축하한다. 여러분 모두 좋은 출발선에 섰다. 여러분은 뛰어난 커뮤니케이터가 되기 위한 첫 걸음을 내디뎠다. 영어 이메일이 여러분의 성장에 있어서 촉매제가 되기를 바란다. 이메일이 여러분의 열정과 전문성, 탁월함을 향한 확고한 의지를 반영할 수 있기를. 이메일을 통해 문을 열고, 인맥을 형성하고, 지속적인 영향력을 발휘할 수 있기를 기대한다. 여러분을 응원한다.

따뜻한 안부를 전하며,
정다정 드림